中国科学技术大学研究生教育创新计划项目经费支持

研究生系列教材
管理类

公共管理
定量决策方法

QUANTITATIVE DECISION MAKING METHODS
IN PUBLIC ADMINISTRATION

陈 伟 编著

中国科学技术大学出版社

内 容 简 介

本书针对公共管理领域的研究方法做了较为全面的介绍,以使读者全面、清晰地掌握相关研究方法,包括定量分析基础、确定型决策分析、非确定型决策分析、风险型决策分析、概率与数理统计方法、差分方程分析、微分方程分析、相关与回归分析、多目标决策分析等。本书可作为公共管理学科相关专业的教材,也可供公共管理学科相关教学科研人员参考。

图书在版编目(CIP)数据

公共管理定量决策方法/陈伟编著. —合肥:中国科学技术大学出版社,2022.11
(中国科学技术大学一流规划教材)
ISBN 978-7-312-05330-6

Ⅰ. 公… Ⅱ. 陈… Ⅲ. 公共管理—决策方法—研究 Ⅳ. D035-0

中国版本图书馆 CIP 数据核字(2021)第 207390 号

公共管理定量决策方法
GONGGONG GUANLI DINGLIANG JUECE FANGFA

出版	中国科学技术大学出版社 安徽省合肥市金寨路 96 号,230026 http://press.ustc.edu.cn https://zgkxjsdxcbs.tmall.com
印刷	安徽国文彩印有限公司
发行	中国科学技术大学出版社
开本	787 mm×1092 mm 1/16
印张	7.75
字数	190 千
版次	2022 年 11 月第 1 版
印次	2022 年 11 月第 1 次印刷
定价	58.00 元

前　言

公共管理是一门研究公共组织,尤其是政府组织的管理活动及其规律的学科。随着市场经济的发展和政府职能的转变,公共管理的理论和实践也在发生着深刻的变化。公共管理学已成为一种广泛而综合的知识框架,它以公共管理问题为核心,把经济学、管理学和政策科学等学科的相关知识融为一体,把系统工程、运筹学和计算机科学的方法和技术应用于其中,是一门由多学科交叉而形成的新兴学科。公共管理主要研究作为公共事务管理主体的公共组织的结构、功能及其与环境的关系,研究公共管理活动的过程及其环节(如计划、组织、控制、决策、协调、监督、评估等),研究如何应用各种科学知识和方法来解决公共事务的管理问题,更有效地提供公共物品或服务。按照上述对公共管理的界定,其主要研究内容包括:公共组织的结构、功能、环境和运行机制;行政管理体制、中央与地方的关系;市场经济下的政府职能与作用,政府与市场、政府与企业、政府与社会的关系;公共人力资源的开发和利用;公共管理中的规划、计划与决策,监督与控制,公共项目评估,行政立法、司法和执法;公共信息管理和咨询服务;财政管理、教育管理、科技管理和文化管理等。因此,公共管理学的研究内容决定了其学科具有公共性(社会性)、管理性、应用性、实证性和综合性等特点。早期的公共管理推崇观测、对比、抽样、案例、访谈、问卷调查等定性分析方法。20世纪40年代后,管理学开始引入运筹学、控制论、系统工程、数理统计、计算机仿真等量化分析方法,强调定性与定量分析相结合,从而使管理学的研究更具有科学性。

笔者在多年的教学工作中发现,公共管理学科的研究生,特别是公共管理硕士(MPA)专业学位的研究生大多来自文科背景的高校,数理基础比较薄弱,在对公共管理相关问题的研究中缺乏量化分析方法的指导,不知道用何种数学工具来解决公共管理中的实际问题,而现实中又缺乏适合的讲述定量分析方法的工具书和教材,解决这一问题是本书编写的初衷。本书将为公共管理专业的学生提供一些具有实用性的常用量化分析技术和方法,从而激发他们的兴趣,实现"举一反三"的效果。

限于作者的水平,书中错漏之处在所难免,敬请读者批评指正。

陈 伟

2022年5月于中国科学技术大学

目　录

前言 ··· (ⅰ)

第1章　定量分析基础 ·· (1)
1.1　公共管理定量决策分析的基本概念 ··· (1)
1.2　数学建模分析 ·· (2)

第2章　确定型决策分析 ·· (10)
2.1　公平席位的分配 ·· (11)
2.2　设备更新决策 ·· (13)
2.3　最优经济订购批量决策 ·· (14)
2.4　时间价值与投资决策 ·· (15)

第3章　非确定型决策分析 ·· (21)
3.1　非确定型决策分析的基本要素 ·· (21)
3.2　非确定型决策分析准则 ·· (22)

第4章　概率与数理统计方法 ·· (28)
4.1　古典概率分析 ·· (28)
4.2　随机变量分析 ·· (32)
4.3　概率分析算例 ·· (38)
4.4　中心极限定理 ·· (43)
4.5　数理统计方法 ·· (45)

第5章　风险型决策分析 ·· (58)
5.1　风险型决策 ··· (58)
5.2　报童问题 ··· (63)
5.3　贝叶斯决策 ··· (65)

第6章　差分方程分析 ·· (70)
6.1　差分方程 ··· (70)

  6.2 数列问题 …………………………………………………………………（72）
  6.3 应用实例 …………………………………………………………………（74）

第7章 微分方程分析 ……………………………………………………………（77）
  7.1 微分方程的定义 …………………………………………………………（77）
  7.2 微分方程的求解 …………………………………………………………（78）
  7.3 线性常系数微分方程 ……………………………………………………（81）
  7.4 应用实例 …………………………………………………………………（82）

第8章 相关与回归分析 ……………………………………………………………（87）
  8.1 相关分析 …………………………………………………………………（87）
  8.2 等级相关 …………………………………………………………………（89）
  8.3 线性回归 …………………………………………………………………（91）
  8.4 自变量是定性变量的回归方程 …………………………………………（98）
  8.5 因变量是定性变量的回归模型 …………………………………………（99）
  8.6 非线性函数的线性化处理 ……………………………………………（101）

第9章 多目标决策分析 …………………………………………………………（104）
  9.1 多目标规划非劣解解法 ………………………………………………（106）
  9.2 有限方案多目标决策问题 ……………………………………………（108）
  9.3 多目标决策指标体系 …………………………………………………（109）
  9.4 指标的标准化 …………………………………………………………（110）
  9.5 有限方案多目标决策的方法 …………………………………………（112）

参考文献 ………………………………………………………………………………（116）

第1章 定量分析基础

1.1 公共管理定量决策分析的基本概念

1. 公共管理定量决策分析的概念

随着市场经济的发展和政府职能的转变,公共管理的理论和实践在发生着深刻的变化。公共管理学已成为一种广泛而综合的知识框架,它以社会问题、公共项目、公共财产和公共资源等问题为核心,把当代经济学、管理学和政策科学等学科的相关知识融为一体,把系统工程、运筹学和计算机科学的方法和技术应用于其中,是一门由多学科交叉而形成的新兴学科。定量分析方法在公共管理决策中发挥着不可替代的作用。定量决策分析将公共管理客体中某种公共问题或命题作为研究对象,运用数学方法和工具,根据实际观测、已有数据信息等对其进行定量分析,揭示其数量特征、数量关系与数量变化趋势,再将定量分析结果反过来对假设的论断进行检验、验证和修正,为公共管理问题确定数量规律和解决方法。

2. 公共管理定量分析方法的基本特征

(1) 实证性

即定量分析的过程和结果是可以验证的。定量分析应用适当的数学方法对有关特定问题的数据进行分析,分析过程的每一个阶段和结果都可以明确表示出来,接受逻辑和事实的检验。

(2) 明确性

即定量分析所采用的概念一般都具有明确定义,不使用模棱两可的语言来表达,避免引起歧义,遵循科学的处理方法。

(3) 客观性

即定量分析的结果是独立于分析者的。不论是什么人,只要对相同的数据应用相同的方法处理,就会得出相同的结果。出于不同的研究目的,对于相同的数据,分析者可以采用不同的方法处理,从而得出不同的结果。

3. 公共管理常用的定量分析方法

定量分析的方法有很多,在公共管理领域常用的有:运筹学方法(包括线性规划、非线性规划、动态规划、目标规划、排队论、博弈论等)、计量分析、概率方法、数理统计、多元统计分析(包括主成分分析、因子分析、判别分析、聚类分析等)、非确定型决策方法、风险型决策方法、相关与回归分析、方差分析、时间价值分析、预测分析、数据包络分析、结构方程模型、多目标决策分析,以及数据挖掘分析等。

1.2 数学建模分析

1. 数学建模的意义

数学建模是一种数学的思考方法,是通过抽象、简化建立能近似刻画实际问题的数学模型并解决问题的一种强有力的数学手段。数学建模就是用数学语言描述实际现象的过程。这里的实际现象既包含具体的自然现象比如自由落体现象,也包含抽象的现象比如顾客对某种商品的偏好取向。这里的描述不但包括外在形态、内在机制的描述,而且包括预测、试验和解释实际现象等内容。数学模型一般并非现实问题的直接翻版,它的建立常常既需要人们对现实问题进行深入细致的观察和分析,又需要人们灵活巧妙地利用各种数学知识。马克思曾经说过,一门科学只有在成功地运用数学时,才算真正达到了完善的地步。

2. 数学模型案例

(1) 公用地悲剧

"公用地悲剧"是制度经济学家非常熟悉的案例。它讲述的是:某块草地属于公共所有,每一农户都可以在草地上自由放牧。这块草地存在一个合适的放牧数量,超过这个数量就会造成资源滥用、收益减少。但每个农户都从自身利益出发随意增加放牧数量,最终造成草地退化,每个农户均因此受损。它阐明了"集体资源的自由使用会毁灭整个集体资源"的观点。"公用地悲剧"现象在实际生活中是非常常见的,比如森林的过度砍伐、江海的过度捕捞等。

设某村庄有一片可供农户自由放牧羊群的公共草地。由于这片草地的面积有限,因此草的数量只能让某一数量的羊吃饱,若在此草地上放牧的羊的实际数量超过此限度,则每只羊都无法吃饱,从而羊的产出(毛、皮、肉的总价值)就会减少,甚至羊只能勉强存活或被饿死。假设农户只在夏天才到公共草地上放羊,而在春天决定养羊的数量,且各农户在决定自己养羊的数量时是不知道其他农户的养羊数的,即各农户养羊数的决策是同时作出的。这就构成了各农户之间关于养羊数的博弈,并且是一个静态博弈。

在此博弈中,博弈方就是 n 个农户,他们各自的策略空间就是他们可能选择的养羊数 $q_i(i=1,\cdots,n)$ 的集合。当各户养羊数分别为 $q_1,\cdots,q_n$ 时,公共草地上羊的总数为

$$Q = q_1 + \cdots + q_n$$

根据前面的介绍,每只羊的产出应是羊的总数 Q 的减函数,即 $V = V(Q) = V(q_1 + \cdots + q_n)$。假设购买和照料每只羊的成本为常数 c,则农户 i 养 q_i 只羊的收益函数为

$$u_i = q_i V(Q) - q_i c = q_i V(q_1 + \cdots + q_n) - q_i c$$

为使讨论简单和得到直观的结论,我们用具体的例子来分析。

分析 假设 $n=3$,即只有三个农户,每只羊的产出函数为

$$V = 100 - Q = 100 - (q_1 + q_2 + q_3)$$

设成本 $c=4$,并且为了方便起见,假设羊的数量是连续可分的,则每个农户的收益函数为

$$u_i = q_i [100 - (q_1 + q_2 + q_3)] - 4q_i$$

这时,由三个农户各自的收益函数最大化(对 q_i 求 u_i 的偏导数为零),可以得到

$$\begin{cases} q_1 = 48 - \frac{1}{2} q_2 - \frac{1}{2} q_3 \\ q_2 = 48 - \frac{1}{2} q_1 - \frac{1}{2} q_3 \\ q_3 = 48 - \frac{1}{2} q_1 - \frac{1}{2} q_2 \end{cases}$$

三个反应函数的交点 (q_1^*, q_2^*, q_3^*) 就是该博弈的纳什均衡点。我们将 q_1^*, q_2^*, q_3^* 代入三个反应函数,并解此联立方程组,即得

$$q_1^* = q_2^* = q_3^* = 24$$

再将

$$q_1^* = q_2^* = q_3^* = 24$$

代入它们的收益函数,可得 $u_1^* = u_2^* = u_3^* = 576$,总收益 $u^* = 1\,728$,此即三个农户独立决策时所能获得的收益结果。

同样也可从总体利益的角度来考察公共草地上羊的最佳数量。设在该草地上羊的总数为 Q,则总收益为

$$u = Q(100 - Q) - 4Q = 96Q - Q^2$$

使总收益 u 最大的养羊数 Q^* 必使总收益函数的一阶导数为 0,即
$$96 - 2Q^* = 0$$

解得 $Q^* = 48$,将 $Q^* = 48$ 代入总收益函数,得 $u^* = 2\,304$,这比三个农户独立决策时的收益总和 $1\,728$ 大。此时养羊数 $Q^* = 48$,而三个农户独立决策时草地上羊的总数为 $3 \times 24 = 72$ 只。因此,三个农户独立决策时草地实际上是处于过度放牧的状态,这既浪费了资源,农户也没有得到最大的收益。若各农户能将养羊数自觉限制在 $48/3 = 16$ 只,则能得到更大的收益。

这个例子证明纳什均衡常常是低效率的,如果可以利用公共资源的人数进一步增加,那么纳什均衡策略的效率会更低。假如允许外来者任意加入,则所有利用这个公共资源的人的收益很快就会消失,各农户完全不能从在公共草地上放羊中得到任何好处,即公共资源完全被浪费。这就是"公用地悲剧"产生的原因。

(2) 公平猜硬币游戏

假设有个人被邀请参加一个猜硬币游戏,游戏表面上非常公平,每次都有 50% 的概率赢 1 元,也有 50% 的概率输 1 元,请问这个人会一直玩这个游戏吗?

分析 假设这个人开始时有本金 A 元,且是一个自制能力较强的人,当其赢到 B 元或者输光本金时就不玩了。

记:输光为 "Bad",赢到 B 元为 "$Good$"。

为了说明这一问题,我们画一条数轴,如图 1.1 所示。

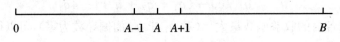

图 1.1 游戏者本金变化图

已知从 A 到 $A+1$ 和 $A-1$ 的概率都是 50%(即赢 1 元和输 1 元的概率都是 50%),设游戏者的本金为 n 时输光的概率为 $p(n)$,则有关系:
$$p(n) = \frac{1}{2}p(n-1) + \frac{1}{2}p(n+1)$$

从而有
$$p(n) - p(n-1) = p(n+1) - p(n)$$

这是一个等差数列,且满足边界条件 $p(0) = 1$, $p(B) = 0$,公差为 $-1/B$。所以,当 $n = A$ 时,有
$$p(A) = 1 - A \cdot (1/B) = \frac{B-A}{B}$$

讨论:当 $A = 100$, $B = 120$ 时,
$$p(Bad) = \frac{1}{6}, \quad p(Good) = \frac{5}{6}$$

当 $A = 100$, $B = 200$ 时,

$$p(Bad) = \frac{1}{2}, \quad p(Good) = \frac{1}{2}$$

当 $A=100, B=1000$ 时,

$$p(Bad) = \frac{9}{10}, \quad p(Good) = \frac{1}{10}$$

当 $A=100, B \to \infty$ 时,

$$p(Bad) = 1$$

由此可见,对一个非常公平的游戏,只要你预期所得不大,知道见好就收,就有较大可能赢钱;但只要你太贪心(一直玩下去),就一定会输光所有的本金。

拓展 凯利公式——最佳投资比例的解决途径

假设现在有这样一个投资机会,如果投资成功,1元钱就可以赚回3元钱;如果失败,就失去这1元钱。并且投资成功和失败的概率一样,即都为50%。那么你会一下子把钱都投进去吗?显然不会,因为这样风险太大。最好的策略就是先拿一部分钱去投资。但拿多少钱去投资最合适呢?我们不妨先作如下分析:

假设开始时有100元本金,问如何进行投资?

分析 每次以本金一定的比例去投资,这样增长速度更快。究竟多少比例合适?

不妨先做一些测试,只计算一次盈利和一次亏损的情况。假设每次拿80%的比例去投资,20%不动。

第一次盈利 $80 \to 240$,总资本为 $240+20$;

第二次投资260的80%即208,失败,208亏光。

剩下总本金为 $260-208=52$。

最终每盈利一次和亏损一次后会亏48元。

如果第一次亏损,第二次盈利,会对结果有影响吗?

继续拿80%的比例投资,20%不动。

第一次 $80 \to 0$;

第二次投资20的80%, $20 \times 0.8 = 16$,盈利得48;

剩下总本金为 $48+4=52$。

最终每亏损一次和盈利一次也会亏48元,这说明先盈利或先亏损的结果是一样的。

这样继续拿一定的比例去测试(如表1.1所示)。

表1.1 投资比例与盈利的关系

投资比例(%)	盈利(元)
80	−48
70	−28
50	0

续表

投资比例(%)	盈利(元)
30	12
25	12.5
10	8

结论 当投资比例为25%时,盈利最大。

凯利公式可以解决最佳投资比例问题,让我们来看看凯利公式的庐山真面目:

$$f^* = (bp - q)/b$$

公式中,各参数的意义为:

f^* = 应投资的资本比例值;

p = 投资一次成功的概率;

q = 投资一次失败的概率,即 $1 - p$;

b = 盈亏比,即期望盈利÷可能亏损的比率值

凯利公式的由来:

假设一开始有本金 A_0,一次投资成功的概率为 p,投资比例为 f,盈亏比为 b。第 k 次后的本金为 A_k。

若投资成功:$A_k = A_{k-1}(1 + bf)$;

若投资失败:$A_k = A_{k-1}(1 - f)$;

N 次后:

$$A_N = A_0(1 + bf)^{N \cdot p} \cdot (1 - f)^{N \cdot (1-p)}$$

关键是如何调整 f 的大小,使得 A_N 取最大值?

作变换:

$$\sqrt[N]{\frac{A_N}{A_0}} = (1 + bf)^p \cdot (1 - f)^q$$

左右两边取对数:

$$\frac{1}{N}\ln\frac{A_N}{A_0} = p \cdot \ln(1 + bf) + q \cdot \ln(1 - f)$$

求导得

$$\frac{pb}{1 + bf} + \frac{-q}{1 - f} = 0$$

从而

$$f = \frac{pb - q}{b}$$

(3) 椅子平放问题

生活中的椅子为什么大多数是4条腿的?如果根据三点确定一平面的原理,3条腿的椅子既稳定又节约材料,为什么不用?如果从美观的角度考虑,为什么不用5条腿、6条腿的椅

子？将一把4条腿长相等的椅子放在起伏不平的地面上,4条腿能否一定同时着地？

分析 我们建立一个简单而又巧妙的模型来解答这个问题。

假设:① 椅子的4条腿一样长,4只脚的连线是正方形;

② 地面是数学上的光滑曲面,即沿任意方向,切面能连续移动,不会出现阶梯状;

③ 对于椅脚的间距和长度而言,地面是相对平坦的,使椅子在任何位置至少有3只脚同时落地。

建模的关键在于恰当地寻找表示椅子位置的变量,并把要证明的"着地"这个结论归结为某个简单的数学关系。假定椅子中心不动,4条腿的着地点视为几何学上的点,用 A,B,C,D 表示,将 AC,BD 连线看作 x 轴、y 轴,建立如图1.2所示的坐标系。引入坐标系后,将几何问题代数化,即用代数方法去研究这个几何问题。

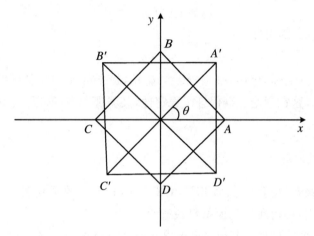

图1.2 椅子转动坐标

当椅子放不平稳时,人们总是习惯转动一下椅子(这里假定椅子中心不动),因而将转动椅子联想到坐标轴的旋转。

设 θ 为对角线 AC 转动后与初始位置 x 轴的夹角,如果定义"距离"为椅脚到地面的竖直长度,那么"着地"就是椅脚与地面的距离等于零,由于椅子位于不同位置,椅脚与地面的距离不同,因而这个距离为 θ 的函数。椅子有4只脚,因而有4个距离,但又因为正方形的中心对称性,所以只要设两个距离函数。记 A,C 两脚与地面的距离之和为 $g(\theta)$;B,D 两脚与地面的距离之和为 $f(\theta)$,显然有 $g(\theta) \geq 0, f(\theta) \geq 0$。

因地面光滑,显然 $g(\theta)$ 与 $f(\theta)$ 连续,而椅子在任何位置总有3只脚可同时"着地",即对任意的 θ,$g(\theta)$ 和 $f(\theta)$ 总有一个为零,有 $g(\theta) \cdot f(\theta) = 0$。不失一般性,设 $g(0) = 0$,于是椅子问题可抽象成如下数学问题:

已知 $g(\theta), f(\theta)$ 是 θ 的连续函数,且对任意 $\theta, g(\theta) \cdot f(\theta) = 0, g(0) = 0, f(0) > 0$。

求证:存在 θ_0,使得 $g(\theta_0) = f(\theta_0) = 0$。

证明 令 $h(\theta) = f(\theta) - g(\theta)$,由函数 $g(\theta)$ 和 $f(\theta)$ 的连续性知,$h(\theta)$ 也是 θ 的连续函数,且有

$$h(0) = f(0) - g(0) = f(0) > 0$$

将椅子绕中心(即坐标原点)转动90°,则对角线 AC 与 BD 互换,由 $g(0)=0, f(0)>0$,可知 $g\left(\frac{\pi}{2}\right)>0, f\left(\frac{\pi}{2}\right)=0$。从而

$$h\left(\frac{\pi}{2}\right) = f\left(\frac{\pi}{2}\right) - g\left(\frac{\pi}{2}\right) = -g\left(\frac{\pi}{2}\right) < 0$$

而 $h(\theta)$ 在 $\left[0,\frac{\pi}{2}\right]$ 上连续,根据连续函数的基本性质(介值定理),必存在 $\theta_0 \in \left[0,\frac{\pi}{2}\right]$,使得 $f(\theta_0)=0$,即

$$h(\theta) = f(\theta_0) - g(\theta_0) = 0 \tag{1.1}$$

又因对任意的 $\theta, g(\theta)$ 和 $f(\theta)$ 总有一个为零,所以有

$$g(\theta_0) \cdot f(\theta_0) = 0 \tag{1.2}$$

由式(1.1)和式(1.2)可知

$$f(\theta_0) = g(\theta_0) = 0$$

即只要把椅子绕中心(坐标原点)逆时针转动 θ_0 角,椅子的4条腿就同时落地了,即椅子4条腿能同时"着地"。这在理论上既保证了稳定性,又美观大方,所以生活中常见的便是4条腿的椅子。

(4) 原材料套裁问题

现要做100套钢架,每套用长为 2.9 m, 2.1 m, 1.5 m 的圆钢各一根。已知原材料长 7.4 m,问应如何下料,使得所用的原材料最省?

分析:若在每一根原材料上截取 2.9 m, 2.1 m, 1.5 m 的圆钢各一根组成一套,每根原材料留下料头 0.9 m,为了做100套钢架,需用原材料100根,会有90 m 的料头浪费了。若改为用套裁,就可以节约原材料。

考虑几种套裁方案,如表1.2所示.

表1.2 原材料套裁方案

长度(m) \ 方案 下料数	Ⅰ	Ⅱ	Ⅲ	Ⅳ	Ⅴ
2.9	1	2	0	1	0
2.1	0	0	2	2	1
1.5	3	1	2	0	3
合计	7.4	7.3	7.2	7.1	6.6
料头	0	0.1	0.2	0.3	0.8

为了得到100套钢架,需要混合使用各种下料方案。设按方案Ⅰ下料的原材料根数为 x_1,按方案Ⅱ下料的原材料根数为 x_2,方案Ⅲ为 x_3,方案Ⅳ为 x_4,方案Ⅴ为 x_5。根据表1.2

的数据及所用原材料最省的目标,可列出如下规划模型:

$$\text{Min } z = 0x_1 + 0.1x_2 + 0.2x_3 + 0.3x_4 + 0.8x_5$$

$$x_1 + 2x_2 + x_4 = 100$$

$$2x_3 + 2x_4 + x_5 = 100$$

$$3x_1 + x_2 + 2x_3 + 3x_5 = 100$$

$$x_1, x_2, x_3, x_4, x_5 \geqslant 0$$

根据线性规划的求解方法,可得到最优下料方案为:按方案Ⅰ下料30根,方案Ⅱ下料10根,方案Ⅳ下料50根。即需90根原材料就可以了。

第 2 章 确定型决策分析

如果一个决策者面对的决策问题是每一个抉择行动只能产生一个确定的结果,那么就可以根据完全确定的情况,选择最满意(或最优)的方案或行动,这种决策就是确定型决策。

看一个关于有价证券选择的例子。

表 2.1 有价证券的年收益率

证券名称	年收益率(%)
A1	8.0
A2	7.4
A3	8.3
A4	6.0
A5	6.2

分析 如表 2.1 所示,如果单从年收益率角度考虑,显然应该选取最大值 8.3% 对应的证券 A3。

表 2.2 有价证券的最优选择

证券名称	年收益率(%)	风险方差	比值
A1	8.0	9.0	0.89
A2	7.4	9.5	0.78
A3	8.3	10.0	0.83
A4	6.0	9.0	0.67
A5	6.2	8.5	0.73

如表 2.2 所示,如果从年收益率和风险方差两个角度分析,显然希望收益率越大、风险方差越小越好,故考虑两者的比值(即年收益率/风险方差),选取比值最大者对应的证券 A1。

2.1 公平席位的分配

假设某学院有 3 个系，共 200 名学生。其中，甲系 100 人、乙系 60 人、丙系 40 人。若学生会有 20 席名额，应怎样分配？

显然一般按人数比例分配，即甲系分 10 席，乙系分 6 席，丙系分 4 席。

现在题干发生变化：丙系有 6 名学生各转入甲、乙系 3 人，此时又该如何分配名额？

这种按比例分配方法通常大家都能接受。现将题干再改变一下：由于席位 20 为偶数，不便表决，故决定增加 1 席位，即 21 个席位。仍按上述方法分配（表 2.3），结果甲系 11 名，乙系 7 名，丙系 3 名。这个分配方案显然对丙系来说不公平，总席位增加了 1 席，而丙系却减少 1 席。怎样来制定公平的分配方案呢？

表 2.3 按照比例并参照惯例的席位分配

系别	学生人数	人数比例(%)	20 个席位的分配		21 个席位的分配	
			比例分配数	参照惯例结果	比例分配数	参照惯例结果
甲	103	51.5	10.3	10	10.815	11
乙	63	31.5	6.3	6	6.615	7
丙	34	17.0	3.4	4	3.570	3
总数	200	100.0	20.0	20	21.000	21

美国众议院根据各州人口的比例分配众议院议员的名额时就出现过如下问题：

矛盾 1：人口不变，总席位增加导致某州席位减少。

矛盾 2：人口增长，份额增加的州可能失掉席位。

这说明简单按比例分配名额的惯例方法是存在问题的，因此有必要讨论席位公平分配的原则。

设有：A 单位，人数为 p_1，占有席位 n_1；B 单位，人数为 p_2，占有席位 n_2。

当 $\dfrac{p_1}{n_1} = \dfrac{p_2}{n_2}$ 时，分配公平。

当 $\dfrac{p_1}{n_1} \neq \dfrac{p_2}{n_2}$ 时，分配不公平，且对比值大的一方不公平。

若 $\dfrac{p_1}{n_1} > \dfrac{p_2}{n_2}$，定义

$$r_A(n_1, n_2) = \dfrac{\dfrac{p_1}{n_1} - \dfrac{p_2}{n_2}}{\dfrac{p_2}{n_2}} \tag{2.1}$$

为对 A 方的相对不公平度。

若 $\dfrac{p_2}{n_2} > \dfrac{p_1}{n_1}$，定义

$$r_B(n_1, n_2) = \dfrac{\dfrac{p_2}{n_2} - \dfrac{p_1}{n_1}}{\dfrac{p_1}{n_1}} \tag{2.2}$$

为对 B 方的相对不公平度。

考虑增加 1 个席位的分配原则：

不失一般性，不妨设 $\dfrac{p_1}{n_1} > \dfrac{p_2}{n_2}$，若增加的 1 席位分配给 A，则 n_1 变为 n_1+1；若增加的 1 席位分配给 B，则 n_2 变为 n_2+1。

这时可能出现以下情况：

① $\dfrac{p_1}{n_1+1} > \dfrac{p_2}{n_2}$，说明 A 增加 1 席仍对 A 不公平，则这 1 席显然应分给 A。

② $\dfrac{p_1}{n_1+1} < \dfrac{p_2}{n_2}$，说明 A 增加 1 席对 B 不公平，由式(2.2)得出对 B 的相对不公平度

$$r_B(n_1+1, n_2) = \dfrac{\dfrac{p_2}{n_2} - \dfrac{p_1}{n_1+1}}{\dfrac{p_1}{n_1+1}} \tag{2.3}$$

③ $\dfrac{p_1}{n_1} > \dfrac{p_2}{n_2+1}$，说明 B 增加 1 席对 A 不公平，由式(2.1)得出对 A 的相对不公平度

$$r_A(n_1, n_2+1) = \dfrac{\dfrac{p_1}{n_1} - \dfrac{p_2}{n_2+1}}{\dfrac{p_2}{n_2+1}} \tag{2.4}$$

分配原则：比较 r_A，r_B 使相对不公平度尽可能的小。

若

$$r_A(n_1, n_2+1) > r_B(n_1+1, n_2)$$

即

$$\dfrac{\dfrac{p_1}{n_1} - \dfrac{p_2}{n_2+1}}{\dfrac{p_2}{n_2+1}} > \dfrac{\dfrac{p_2}{n_2} - \dfrac{p_1}{n_1+1}}{\dfrac{p_1}{n_1+1}} \tag{2.5}$$

则增加的 1 席应该给 A，反之应该给 B。

式(2.5)经化简后等价于 $\dfrac{p_1^2}{n_1(n_1+1)} > \dfrac{p_2^2}{n_2(n_2+1)}$。

故应考虑 $\dfrac{p_i}{n_i} \cdot \dfrac{p_i}{n_i+1}$ 的大小排序，逐次确定席位分配。

实施方法：每个单位先分 1 个席位，然后根据 $p_i^2/[n_i \cdot (n_i+1)]$ 的大小确定下一个名

额分配。根据这个原则,前述问题当学生会席位为 21 个时,最后分配结果:甲系分 11 席,乙系分 6 席,丙系分 4 席。

2.2 设备更新决策

某企业生产某种产品,在设备更新前,其产品的售价为 15 元,单位产品的可变成本为 7 元,每月的固定成本费用为 3200 元。若更新设备,则每月需增加固定成本 600 元。但由于先进设备的引进,单位可变成本降为 5 元。试作出决策,该企业设备是否应更新?

为解决这类决策问题,首先进行盈亏分析,如图 2.1 所示。

设产品的需求量(销量)为 Q,售价为 P,则

总收入 $TR = P \cdot Q$

总成本 $TC =$ 固定成本 + 可变成本 $\cdot Q$

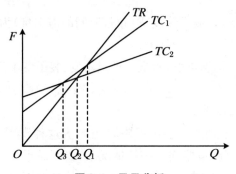

图 2.1 盈亏分析

更新设备前的盈亏平衡点为 $Q_1:15Q_1 = 3\,200 + 7Q_1$,求得 $Q_1 = 400$;

更新设备后的盈亏平衡点为 $Q_2:15Q_2 = 3\,800 + 5Q_2$,求得 $Q_2 = 380$。

$3\,200 + 7Q_3 = 3\,800 + 5Q_3$,求得 $Q_3 = 300$。

显然当 $Q > Q_2$ 时,更新设备后的盈利更大,故应更新;

当 $Q < Q_3$ 时,更新后的成本更大,故应保留原设备;

当 $Q_3 < Q < Q_2$ 时,更新后的成本略低于更新前,但厂家依然亏损,这时要根据实际情况慎重选择。

2.3 最优经济订购批量决策

存储问题是指商店或工厂经常要存储一定量的商品或备件,如果存储量太少,可能会影响销售或生产;如果存储量太大,就会因为占用仓库和必要的保管措施而付出过多的费用。因此,确定一个最优的存储量是必要的。

考虑不允许缺货的存储问题。不允许缺货指所需物资需随要随到,否则会造成重大损失。

在建立模型时,需要一些假设,目的是使模型简单、易于理解、便于计算。为此作如下假设:

① 缺货费用无穷大;

② 当存储降至零时,可以立即得到补充(即生产时间或拖后时间很短,可以近似地看作零);

③ 需求是连续、均匀的,设需求速度 R(单位时间的需求量)为常数,则 t 时间的需求量为 Rt;

④ 每次订货量不变,订购费不变(每次生产量不变、装配费不变);

⑤ 单位存储费不变。

存储量变化情况如图 2.2 所示。

由于可以立即得到补充,所以不会出现缺货,在研究这种模型时不再考虑缺货费用。在这些假设条件下如何确定存储策略呢?一般情况下,要用总平均费用来衡量存储策略的优劣。为了找出最低费用的策略,首先想到在需求确定的情况下,每次的订货量多,则订货次数可以减少,从而减少了订购费。但是每次订货量多,会增加存储费用。为研究费用的变化情况需要导出费用函数。

假定每隔 t 时间补充一次存储,那么订货量必须满足 t 时间的需求 Rt,记订货量为 Q,每次订购费为 C_3,货物单价为 K,则订货费为 $C_3 + KRt$。t 时间的平均订货费为 $C_3/t + KR$,t 时间内的平均存储量为

$$\frac{1}{t}\int_0^t RtdT = \frac{1}{2}Rt$$

根据图 2.3,单位存储费用为 C_1,t 时间内所需平均存储费用为 $\frac{1}{2}RtC_1$。

t 时间内总的平均费用为

$$C(t) = C_3/t + KR + \frac{1}{2}C_1Rt \tag{2.6}$$

t 取何值时 $C(t)$ 最小?只需对式(2.6)利用微积分求最小值的方法即可求出。

$$\frac{dC(t)}{dt} = -\frac{C_3}{t^2} + \frac{1}{2}C_1 R = 0$$

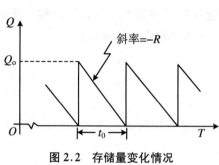

图 2.2 存储量变化情况

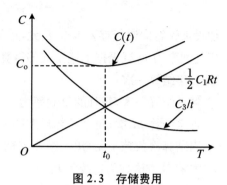

图 2.3 存储费用

得

$$t_0 = \sqrt{\frac{2C_3}{C_1 R}} \tag{2.7}$$

即每隔 t_0 时间订货一次可使 $C(t)$ 最小。

订货批量

$$Q_0 = R t_0 = \sqrt{\frac{2C_3 R}{C_1}} \tag{2.8}$$

式(2.8)即存储论中著名的经济订购批量(economic ordering quantity)公式,简称 EOQ 公式。

2.4 时间价值与投资决策

1. 时间价值

我们知道货币(资金)是有时间价值的,现在的货币若存放在银行或去投资,在将来某一时间是会增值的。

(1) 单利

设 P 表示本金,i 代表利率,n 代表期数(通常以 1 年作为一个计息期),F 表示本利和。

$$F = P(1 + i \cdot n)$$

(2) 复利

$$F = P(1+i)^n$$

假设某顾客向银行存入本金 P 元，n 年后他在银行的存款是本金及利息之和。设银行规定年复利率为 r，试根据下述不同的结算方式计算 n 年后顾客的最终存款额。

① 每年结算一次；
② 每月结算一次，每月的复利率为 $r/12$；
③ 每年结算 m 次，每个结算周期的复利率为 r/m；
④ 当结算次数趋于无穷时，结算周期变为无穷小，这意味着银行连续不断地向顾客付利息，这种存款方法称为连续复利。

解 ① 每年结算一次时，第一年后顾客的存款额为

$$P_1 = P + Pr = P(1+r)$$

第二年后顾客的存款额为

$$P_2 = P_1(1+r) = P(1+r)^2$$

根据这种递推关系可知，第 n 年后顾客的存款额为

$$P_n = P(1+r)^n$$

② 每月结算一次时，复利率为 $r/12$，共结算 $12n$ 次，故 n 年后顾客的存款额为

$$P_n = P\left(1+\frac{r}{12}\right)^{12n}$$

③ 每年结算 m 次时，复利率为 r/m，共结算 mn 次，将 n 年后顾客的存款额记为 P_n^m，则

$$P_n^m = P\left(1+\frac{r}{m}\right)^{mn}$$

令 $y_m = \left(1+\frac{r}{m}\right)^m$ 应用泰勒展开可得

$$y_m = \left(1+\frac{r}{m}\right)^m = 1 + m\cdot\frac{r}{m} + \frac{m(m-1)}{2!}\left(\frac{r}{m}\right)^2$$
$$+ \frac{m(m-1)(m-2)}{3!}\left(\frac{r}{m}\right)^3 + \cdots$$
$$+ \frac{m(m-1)\cdots 3\cdot 2\cdot 1}{m!}\left(\frac{r}{m}\right)^m$$
$$= 1 + r + \frac{1}{2!}\left(1-\frac{1}{m}\right)r^2 + \frac{1}{3!}\left(1-\frac{1}{m}\right)\left(1-\frac{2}{m}\right)r^2 + \cdots$$
$$+ \frac{1}{m!}\left(1-\frac{1}{m}\right)\left(1-\frac{2}{m}\right)\cdots\left(1-\frac{m-1}{m}\right)r^m$$

$$y_{m+1} = \left(1+\frac{r}{m+1}\right)^{m+1} = 1 + r + \frac{1}{2!}\left(1-\frac{1}{m+1}\right)r^2$$
$$+ \frac{1}{3!}\left(1-\frac{1}{m+1}\right)\left(1-\frac{1}{m+2}\right)r^3 + \cdots$$

$$+ \frac{1}{m!}\left(1 - \frac{1}{m+1}\right)\left(1 - \frac{m-1}{m+1}\right)r^m$$

$$+ \frac{1}{(m+1)!}\left(1 - \frac{1}{m+1}\right)\cdots\left(1 - \frac{m}{m+1}\right)r^{m+1}$$

比较 y_{m+1}, y_m 的每一项,由于

$$\left(1 - \frac{1}{m}\right) < \left(1 - \frac{1}{m+1}\right), \quad \left(1 - \frac{2}{m}\right) < \left(1 - \frac{2}{m+1}\right), \quad \cdots$$

y_{m+1} 的每一项都大于 y_m 中的相应项,并且 y_{m+1} 比 y_m 还多出最后一项,显然最后一项大于零,所以 $y_{m+1} > y_m$。

注意到 $P_n^m = P(y_m)^n$, $P_n^{m+1} = P(y_{m+1})^n$,可知 $P_n^m < P_n^{m+1}$,即结算次数越多,顾客的最终存款额也就越多。

④ 在连续复利情况下,顾客的最终存款额为

$$P_n = \lim_{m \to \infty} P_n^m = \lim_{m \to \infty} P\left(1 + \frac{r}{m}\right)^{mn} = P e^{r \cdot n}$$

将此式改写成

$$P_n = P[1 + (e^r - 1)]^n$$

可知,连续复利相当于以年复利率 $e^r - 1$ 进行按年计息。

连续复利下本金会无限增长吗?

假设你年初在银行存了 1 元钱,而银行的存款利率也达到了逆天的 100%。在连续复利下,1 年后你的最终存款额为:

$$\lim_{n \to \infty} 1 \cdot \left(1 + \frac{1}{n}\right)^n = e$$

1 元存 1 年,在年利率为 100% 时,无论怎么利滚利,其余额总有一个无法突破的天花板,这个天花板就是自然数 e。

2. 投资决策

(1) 净现值分析

时间价值的作用,解决了不同时点资金价值的换算关系。

例 1 假设有甲、乙两个项目(如图 2.4 所示),项目年初投入均为 1 000 元。甲项目第 1 年年末可获利 100 元,第 2 年年末可获利 200 元,第 3 年年末可获利 300 元,第 4 年年末可获利 400 元,第 5 年年末可获利 500 元。乙项目第 1 年年末可获利 500 元,第 2 年年末可获利 400 元,第 3 年年末可获利 300 元,第 4 年年末可获利 200 元,第 5 年年末可获利 100 元。试比较这两个项目?

解 分别计算两个项目的净现值 NPV。设资金的价值增长率(投资折现率)为 5%,则:

$$NPV(甲) = \frac{100}{(1+5\%)} + \frac{200}{(1+5\%)^2} + \frac{300}{(1+5\%)^3} + \frac{400}{(1+5\%)^4} + \frac{500}{(1+5\%)^5} - 1\,000$$

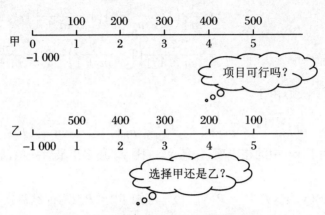

图 2.4　不同时点资金价值的投资项目

$$\approx 256.51(元)$$

$$NPV(乙) = \frac{500}{(1+5\%)} + \frac{400}{(1+5\%)^2} + \frac{300}{(1+5\%)^3} + \frac{200}{(1+5\%)^4} + \frac{100}{(1+5\%)^5} - 1\,000$$

$$\approx 340.91(元)$$

可见两个项目的净现值均大于 0，都是可行的。但乙项目的净现值大于甲项目，说明乙项目的收益更高。

若资金的价值增长率（投资折现率）为 15%，则：

$$NPV(甲) = \frac{100}{(1+15\%)} + \frac{200}{(1+15\%)^2} + \frac{300}{(1+15\%)^3} + \frac{400}{(1+15\%)^4} + \frac{500}{(1+15\%)^5} - 1\,000$$

$$\approx -87.27(元)$$

$$NPV(乙) = \frac{500}{(1+15\%)} + \frac{400}{(1+15\%)^2} + \frac{300}{(1+15\%)^3} + \frac{200}{(1+15\%)^4} + \frac{100}{(1+15\%)^5} - 1\,000$$

$$\approx 98.56(元)$$

当资金的折现率为 15% 时，只有乙项目的净现值大于 0。可见净现值 NPV 受折现率的影响较大。

(2) 等额投资系列

设每年年末投资固定金额 A，银行的年利率为 i，那么 n 年后累计的总额为

$$F = A + A(1+i) + \cdots + A(1+i)^{n-1}$$

$$= A\frac{(1+i)^n - 1}{i}$$

例 2　某企业现向银行借款 1 000 万元的贷款，在 10 年内以年利率 12% 均匀偿还，每年应付的金额是多少？

解　银行贷款年利率 $i = 12\%$，贷款年限 $n = 10$，可计算

$$F = 1\,000(1+12\%)^{10} = 3\,105.85$$

由公式可得 $A = \dfrac{F \cdot i}{(1+i)^n - 1} = 177.48(万元)$

即企业每年应偿还银行的金额为 177.48(万元)。

例 3 某个企业现要购置一台设备,经过详细测算,在其寿命期 20 年内,该设备每年能创造净现金收益 1 000 元,设该企业资金的最低收益率不能低于 5%,问如何定价?

解 设收益的净现值为 R,则

$$R = \frac{1\,000}{1+5\%} + \frac{1\,000}{(1+5\%)^2} + \frac{1\,000}{(1+5\%)^3} + \cdots + \frac{1\,000}{(1+5\%)^{20}}$$
$$= 1\,000 \times (1.05^{-1} + 1.05^{-2} + 1.05^{-3} + \cdots + 1.05^{-20})$$
$$\approx 12\,480(元)$$

若该设备现在的价格低于 12 480 元,则可购置;若高于 12 480 元,则不应购置。

例 4 某投资项目有甲、乙两个方案,甲方案在 20 年内进行二次投资,有关数据如表 2.4 所示,基准收益率为 10%,问哪个方案最优?

表 2.4 甲、乙投资方案的对比

项目	甲方案	乙方案
投资(元)	150 000	30 000
年净收益(元)	31 000	11 000
年限(年)	10	20
残值(元)	15 000	1 000

解
$$NPV_甲 = -150\,000 - 150\,000(P/F,10\%,10)$$
$$\qquad + 31\,000(P/A,10\%,20) + 15\,000(P/F,10\%,10)$$
$$\qquad + 15\,000(P/F,10\%,20) \approx 64\,121(元)$$
$$NPV_乙 = -30\,000 + 11\,000(P/A,10\%,20)$$
$$\qquad - 1\,000(P/F,10\%,20) \approx 63\,803(元)$$

单从净现值绝对数看,甲方案优于乙方案。

拓展 从资金方面看,甲方案两次投资各 15 万元,折合现值约 21 万元,乙方案投资 3 万元,在 20 年中甲方案仅比乙方案多 318 元收益,问哪个方案是最优选择?

两方案的净现值率为

$$NPVR_甲 = \frac{64\,121}{150\,000 + 150\,000(P/F,10\%,10)} \approx 0.309$$

$$NPVR_乙 = \frac{63\,803}{30\,000} \approx 2.127$$

从净现值率看,$NPVR_乙 > NPVR_甲$,每元投资所得的净现值乙高于甲,经济效果乙好于甲。

(3) 银行还贷方式

① 等额本金法

等额本金法最大的特点是每月的还款额不同,呈现逐月递减的状态。它是将贷款本金

按还款的总月数均分,再加上上期剩余本金的利息,这样就形成月还款额,所以等额本金法第一个月的还款额最多,然后逐月减少,越还越少。

假设现在贷 10 000 元,分 20 个月还清,月利率为 0.4%。

若采用等额本金法,则每月还的贷款本金为 $\frac{10\,000}{20}=500(元)$。

逐月还款额为

第 1 个月　$500+10\,000\times 0.4\%=540(元)$

第 2 个月　$500+(10\,000-500)\times 0.4\%=538(元)$

第 3 个月　$500+(10\,000-2\times 500)\times 0.4\%=536(元)$

⋮

利息总额　$40+38+36+34+\cdots+2+0=420(元)$

② 等额本息法

等额本息法最重要的一个特点是每月的还款额相同,从本质上来说是本金所占比例逐月递增,利息所占比例逐月递减,月还款数不变,即在月供"本金与利息"的分配比例中,前半段时期所还的利息比例大、本金比例小,还款期限过半后逐步转为本金比例大、利息比例小。

若采用等额本息法,则有

$$10\,000(1+0.4\%)^{20}=10\,831.14(元)$$

即

$$A\cdot\left[\frac{(1+i)^n-1}{i}\right]=10\,831.14\quad(i=0.4\%,n=20)$$

$A\approx 522.0(元)$

利息总额　$(522.0-500)\times 20=440(元)$

由此可以看出,用等额本息法还款方式支付的利息总额要高于等额本金法支付的利息总额。

第 3 章　非确定型决策分析

在日常经营管理中,常常会遇到一些极少发生或应急的事件,因此,无法明确指出事物未来会出现何种状态,而只能了解事物有可能出现哪几种状态,而且对这几种自然状态出现的可能性有多大也无法确切知道,这就是非确定型情况。例如,某种新试制的产品是否应当投产?某种新设备是否应当购买?如何适应急剧变化的市场形势等。可见,对这类事件的决策只能在不确定情况下作出,即在知道可能出现的各种自然状态,但又无法确定各种自然状态发生概率的情况下作出,这类决策问题就是非确定型决策。

非确定型决策一般满足如下四个条件:
① 存在一个明确的决策目标;
② 存在两个或两个以上随机的自然状态;
③ 存在可供决策者选择的两个或两个以上的行动方案;
④ 可求得各方案在各状态下的决策矩阵。

3.1　非确定型决策分析的基本要素

为了说明非确定型决策分析的基本要素,下面给出了一个无数据决策的实例:
如果计划用 6 个鸡蛋煎蛋饼,已经向碗里打了 5 个好鸡蛋,准备打第 6 个鸡蛋时,有 3 种不同的方案可供选择,即

方案 a_1:将第 6 个蛋打入盛有 5 个好蛋的碗里,简称"打入";
方案 a_2:将第 6 个蛋单独打入另一个碗里,以便检查好坏,简称"单打";
方案 a_3:丢弃第 6 个蛋,简称"丢弃"。
由于第 6 个蛋事前不知是好是坏,每种方案均面临两种不确定的结果,即
状态 θ_1:第 6 个蛋是好蛋;
状态 θ_2:第 6 个蛋是坏蛋。
若用 $o_{ij}(i=1,2,3;j=1,2)$ 分别表示 a_i 在状态 θ_j 下的决策结果,则这个无数据决策问

题所出现的全部结果如表 3.1 所示。

表 3.1　a_i 在 θ_j 下的决策结果

结果值(o_{ij})＼状态(θ_j)＼方案(a_i)	好蛋(θ_1)	坏蛋(θ_2)
打入(a_1)	6 个鸡蛋煎饼(o_{11})	5 个好蛋浪费,无蛋煎饼(o_{12})
单打(a_2)	6 个鸡蛋煎饼,多洗 1 个碗(o_{21})	5 个鸡蛋煎饼,多洗 1 个碗(o_{22})
丢弃(a_3)	5 个鸡蛋煎饼,浪费 1 个好蛋(o_{31})	5 个鸡蛋煎饼(o_{32})

三种方案如何决策,涉及不同决策者不同的评价偏好和准则。由此例可以看出,决策分析的基本要素为:

① 决策者。受社会、政治、经济和心理等诸多因素影响的决策主体,可以是个体或某一群体。

② 决策目标。决策者所希望实现的目标,可以是单个目标,也可以是多个目标。

③ 行动方案。即实现决策目标所采取的具体措施和手段。行动方案的个数可以是有限多个,也可以是无限多个,在某些情况下,行动方案也可以用连续变量表示。通常,有限多个行动方案用 $a_i(i=1,2,\cdots,m)$ 表示。

④ 自然状态。即采取某种决策方案时,决策环境客观存在的各种状态。自然状态可以是确定的、不确定的或随机的,也可以是离散的或连续的。有限多个离散的自然状态,通常表示为 $\theta_j(j=1,2,\cdots,n)$。

⑤ 条件结果值。即采取某种行动方案在不同自然状态下所出现的结果。条件结果值可以表示为收益值、损失值或效用值,条件结果值可以是离散的,也可以是连续的。在离散情况下,m 个行动方案使 n 个自然状态下的条件结果值可表示为 $o_{ij}(i=1,2,\cdots,m;j=1,2,\cdots,n)$。

⑥ 决策准则。即为实现决策目标而选择行动方案时所依据的价值标准和行为准则。一般来说,决策准则依赖于决策者的价值倾向和偏好。

3.2　非确定型决策分析准则

1. 最大最小决策准则

也称悲观决策准则。从最坏情况出发,带有一定的保守性,反映了决策者对结果看淡的态度。即从各个行动方案的最小收益中选取最大的方案为最优方案。

例1 某乡镇最近兴建了一个玩具厂,根据自己的生产能力提出了三种生产方案。不同市场需求下的利润如表3.2所示,其决策分析如表3.3所示。

表3.2 不同市场需求下的利润

利润 \ 市场需求量 \ 生产方案	低	一般	高
a_1	9.20	9.30	10.05
a_2	8.15	9.05	10.35
a_3	8.20	9.25	10.80

表3.3 基于最大最小决策准则的决策分析

结果值 \ 状态 \ 方案	θ_1	θ_2	θ_3	最小值
a_1	9.20	9.30	10.05	9.20
a_2	8.15	9.05	10.35	8.15
a_3	8.20	9.25	10.08	8.20
决策		9.20		

a_1方案下的利润最小值为9.2,a_2方案下的利润最小值为8.15,a_3方案下的利润最小值为8.2,比较三个最小值,选取其中最大者9.20对应的方案a_1。

2. 最大最大决策准则

也称乐观决策准则。从最好情况出发,带有一定的冒险性,反映了决策者冒进乐观的态度。即从各个行动方案的最大收益中选取最大值的方案为最优方案。

例2 为适应市场的需要,某无线电厂提出了扩大再生产的三种方案:对原厂进行扩建;对原厂进行技术改造;建设新厂。每年的利润和市场销路情况如表3.4所示,其决策分析如表3.5所示。

表3.4 某无线电厂每年的利润和市场销路情况

利润 \ 市场销路 \ 方案	好	一般	差
a_1	15	13	-4
a_2	8	7	4
a_3	17	12	-6

表 3.5　基于最大最大决策准则的决策分析

结果值＼状态＼方案	θ_1	θ_2	θ_3	最大值
a_1	15	13	-4	15
a_2	8	7	4	8
a_3	17	12	-6	17
决策		17		

选取三个最大值中最大者 17 对应的方案 a_3。

3. 赫威斯决策准则

也称乐观系数决策准则,是介于悲观决策和乐观决策之间的一种决策准则。首先要确定一个乐观系数 $\alpha(0 \leqslant \alpha \leqslant 1)$,对不同的行动方案计算折中收益值：

$$CV_i = \alpha \times (最大收益值) + (1-\alpha) \times (最小收益值)$$

取值最大的一个为最优行动方案。

例 3　参照例 2 的数据,假定决策者的乐观系数 $\alpha = 0.7$,不同行动方案的折中收益值如表 3.6 所示。

表 3.6　不同行动方案的折中收益值($\alpha = 0.7$)

方案	最大收益值	最小收益值	折中收益值 CV_i
a_1	15	-4	$0.7 \times 15 + 0.3 \times (-4) = 9.3$
a_2	8	4	$0.7 \times 8 + 0.3 \times 4 = 6.8$
a_3	17	-6	$0.7 \times 17 + 0.3 \times (-6) = 10.1$
决策		10.1	

此时应选择折中收益值最大者 10.1 对应的方案 a_3。

当乐观系数 $\alpha = 0.3$ 时,不同行动方案的折中收益值如表 3.7 所示。

表 3.7　不同行动方案的折中收益值($\alpha = 0.3$)

方案	最大收益值	最小收益值	折中收益值
a_1	15	-4	$0.3 \times 15 + 0.7 \times (-4) = 1.7$
a_2	8	4	$0.3 \times 8 + 0.7 \times 4 = 5.2$
a_3	17	-6	$0.3 \times 17 + 0.7 \times (-6) = 0.9$
决策		5.2	

此时应选择折中收益值最大者 5.2 对应的方案 a_2。

由此可见,赫威斯准则下的决策结果受乐观系数 α 的影响很大。

4. 最小最大后悔值决策准则

也称 Savage 准则。先计算出在各种自然状态下各行动方案的后悔值,然后从最大后悔值中选取最小的方案为最优方案。

后悔值:某种自然状态下该方案的决策结果与该状态下最优决策的可能结果之差。

例 4 某公司准备生产一种新产品,拟定了三种方案:改扩建生产线;新建生产线;与外厂协作生产。各方案在各种自然状态下的利润如表 3.7 所示,后悔值如表 3.8 所示,其决策分析如表 3.9 所示。

表 3.7 各方案在各种自然状态下的利润

利润＼市场需求量＼方案	低	中	大	很大
a_1	−40	−15	35	55
a_2	−60	−30	40	80
a_3	−2	10	30	35

表 3.8 各方案在各种自然状态下的后悔值

后悔值＼状态＼方案	θ_1	θ_2	θ_3	θ_4
a_1	38	25	5	25
a_2	58	40	0	0
a_3	0	0	10	45

表 3.9 基于最小最大后悔值决策准则的决策分析

结果值＼状态＼方案	θ_1	θ_2	θ_3	θ_4	
a_1	38	25	5	25	38
a_2	58	40	0	0	58
a_3	0	0	10	45	45
决策	38				

选取三个最大后悔值中最小者对应的方案 a_1。

5. 等概率决策准则

也称拉普拉斯准则。在各自然状态发生的可能性不清楚时,就"一视同仁",认为它们出现的可能性是相等的。计算各行动方案的期望收益值,具有最大收益期望值的方案为最优方案。

例 5 参照例 2 的数据,基于等概率决策准则的决策分析如表 3.10 所示。

表 3.10 基于等概率决策准则的决策分析

利润\状态 方案	θ_1	θ_2	θ_3	
a_1	15	13	−4	8
a_2	8	7	4	6.33
a_3	17	12	−6	7.67
决策		8		

选取三个平均值中最大者 8 对应的方案 a_1。

6. 综合算例

例 6 某合资企业准备生产某种新产品打入国际市场。经过研究提出四种产品方案。国际市场需求一般分为高、中、低三种情况。经过预测,各方案每年净收益估算如表 3.11 所示。

表 3.11 各方案每年的净收益估算

净收益\国际市场需求 产品方案	高	中	低
a_1(甲产品)	400	300	150
a_2(乙产品)	500	400	300
a_3(丙产品)	600	400	100
a_4(丁产品)	500	300	50

表 3.12 基于不同决策准则下的决策分析结果

决策准则	悲观	乐观	后悔值	折中		等概率
				$\alpha=0.4$	$\alpha=0.7$	
最满意方案	a_2	a_3	a_2	a_2	a_3	a_2

经过分析(表3.12),得出如下结论:
① 方案 a_1,a_4 始终未被选中,故应淘汰。
② 方案 a_2,a_3 各有所长。持稳妥态度者认为应该选择 a_2(即生产乙产品),持乐观态度者则认为应该选择 a_3(即生产丙产品)。多数分析人员认为,新产品打入国际市场,应谨慎从事,争取一次成功,主张选择 a_2。

在实际应用中,可根据情况和决策者的风险偏好综合使用各决策准则,以便得到最满意的决策结果和方案。

第 4 章 概率与数理统计方法

4.1 古典概率分析

在自然界和人类社会所存在的各类现象中,从数学角度考虑,大致可以分为三大类:第一类现象称为确定性现象,它表示为在一定条件下进行的某种试验或观察,预先能够确定某种结果必然会出现。例如,向上抛的物体受地心引力必然向下运动,外力可以改变物体的运动或形态等。第二类现象称为非确定性现象,它表示为在一定的条件下进行某种试验或观察,预先不能确定会出现什么结果。例如,某射手在 100 米远的距离射击一目标,能否击中,在射击结束之前是不能确定的;抛一枚硬币,落到水平光滑的地面后,究竟哪一面朝上也是不能预先确定的等。第三类现象称为模糊现象,它表示为在概念的内涵和外延上都不明确的现象。例如,"高个子""胖子""病人"等在概念上很难有各自的界限,而"过去""现在""未来"之间也很难找到准确的鸿沟。

在所有非确定性现象中,人们主要关心和研究的是随机现象。随机现象的特点是:在个别试验中其结果呈现不确定性,但在大量重复试验中,其结果又具有某种统计规律性。概率论就是研究和揭示随机现象统计规律性的一门重要的数学学科。

辩证唯物主义认为,任何客观事物的发生都是偶然和必然的对立统一,表面上看似偶然性在起作用的事物,其内部必然隐藏着某种规律性。通过对事物(或现象)的大量重复观察,运用数学方法进行定量的分析、处理,得出事物发生的客观规律性,这就是概率论应用的实质。概率论研究的是随机事件,随机事件是随机试验的可能结果。

1. 随机试验

概率论是通过随机试验来研究随机现象。称同时满足下述三个条件的试验为随机试验,简称试验:

① 试验在相同条件下可以重复进行;

② 每次试验至少有两个可能结果,并且在试验结束之前可以明确知道所有的可能结果;

③ 在每次试验结束之前不能确定将会出现哪一种结果。

称随机试验中所发生的现象为随机现象。例如,抛一枚均匀的硬币,观察其正、反面(规定其中一面为正面,另一面为反面)出现的情况。该试验可在相同条件下重复进行,共有两个可能结果且在试验结束之前不能确定会出现哪一种结果,该试验是一个随机试验。又如某射手射击一目标,某人做某种游戏(如抽签、玩纸牌等)均可视为随机试验。有些试验如检验某只灯泡的使用寿命,因其试验不能在相同条件下重复进行,这种试验就不再是随机试验。

2. 随机事件

在单次试验中不能确定其是否发生,而在大量重复试验中具有某种规律性的事件,称为随机事件,简称事件,常用大写拉丁字母 A,B,C 等表示。事件按其结构可以分为以下两种类型:

基本事件——不能分解为其他事件的事件(即试验的最基本结果)。例如,掷一骰子观察其出现的点数,这显然是一随机试验,其试验结果出现的"1 点""2 点"…"6 点"都是基本事件。

复合事件——能分解为不少于两个基本事件的事件(即由若干个基本事件复合而成的事件)。

(1) 概率的统计定义

设在 n 次试验中,事件 A 发生的次数为 m。若事件 A 发生的频率 $\dfrac{m}{n}$ 稳定地在某一常数 p 附近摆动,且 n 越大,摆动的幅度越小,则称此常数 p 为事件 A(发生)的概率,记为 $P(A)$。

例如,随机抽查了 1 000 件产品,发现其中有 25 件次品,则在概率的统计定义下,可认为在这批产品中,任抽一件是次品的概率为 2.5%。

(2) 概率的古典定义

考虑试验共有有限的 n 个可能结果(即 n 个基本事件,也称有限样本空间),且各个基本事件出现的可能性相同(即等可能性),称试验满足以上两个条件的概率模型为古典概型。若某事件 A 由 m 个基本事件构成,则定义事件 A 发生的概率为

$$P(A) = \frac{A\ 包含的基本事件数}{基本事件总数} = \frac{m}{n}$$

例1 某袋中装有 5 只白球、3 只黑球,现从中任意取出 2 只球,求取出的是 1 只白球、1 只黑球的概率。

解 该试验的基本事件总数为

$$n = C_{5+3}^2 = C_8^2 = 28$$

若记 A 为"取出黑、白球各 1 只",则 A 包含的基本事件数 $m = C_5^1 \cdot C_3^1 = 15$
所求概率为

$$P(A) = \frac{m}{n} = \frac{15}{28}$$

(3) 几何概型

设试验是在某一可测空间 S 上进行的(S 可以是某区间、某区域等)。若试验结果落入 S 中某子空间 A(事件 A 发生)的概率与子空间 A 的测度 $L(A)$ 成正比(此处的测度可以是长度、面积、体积等),则称此类试验的概率模型为几何概型。定义事件 A 发生的概率为

$$P(A) = \frac{A\ 的测度}{S\ 的测度} = \frac{L(A)}{L(S)}$$

例 2(约会问题) 甲、乙两人相约在某日上午 7 点到 8 点之间于某地会面,考虑到交通拥挤等因素,两人约定先到者等候另一人 20 分钟,过时就离去。试求两人能够会面的概率。

解 以 X, Y 分别表示两人到达时刻,建立直角坐标系,如图 4.1 所示。则 $0 \leqslant X \leqslant 60, 0 \leqslant Y \leqslant 60$,两人能会面的充要条件是

$$|X - Y| \leqslant 20$$

所以会面概率

$$P = \frac{S_{阴}}{S_{OABC}} = \frac{60^2 - (60-20)^2}{60^2} = \frac{5}{9}$$

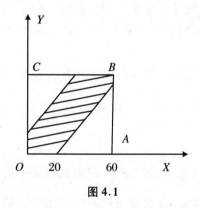

图 4.1

(4) n 重贝努里试验

称只有两个可能结果的随机试验为贝努里试验。

在 n 次重复试验中,若每次试验的可能结果均为 A 和 $\bar{A}$,且 $P(A) = p$ 和 $P(\bar{A}) = 1 - p$ 的数值在各次试验中均保持不变,称这样的 n 次独立试验为 n 重贝努里试验。

例 3 在 n 重贝努里试验中,求事件 A 恰好出现 $k(k \leqslant n)$ 次的概率。

解 设 A 在一次试验中出现的概率为 $p = P(A)$。由于各次试验彼此独立,A 在 k 次试验中出现的概率为 p^k,A 在其余 $(n-k)$ 次试验中不出现的概率为 $(1-p)^{n-k}$,而出现 A 的 k 次试验可以是 n 次试验中的任意 k 次,组合次数为 C_n^k。
所求概率为

$$P_n(k) = C_n^k p^k (1-p)^{n-k}$$

例 4 (1) 在 500 个人中,至少有 1 个人的生日是在 7 月 1 日的概率是多少(1 年按 365 天计)?

(2) 在 4 个人中,至少有 2 个人的生日在同一个月的概率是多少?

解 (1) 每个人的生日可能是1年365天中的任何一天,500个人的生日共有365^{500}种可能。

记A = "至少有1个人的生日是7月1日",直接计算$|A|$比较困难,而$\bar{A}$表示没有1个人的生日是7月1日,即每个人的生日可以是除7月1日之外的364天中的任何一天,共有364^{500}种可能,于是

$$P(A) = 1 - P(\bar{A}) = 1 - \frac{364^{500}}{365^{500}} \approx 0.75$$

(2) 每个人的生日可以是1年12个月中的任何一个月,4个人的生日共有12^4种可能性。

记B = "至少有2个人的生日在同一个月"。类似于(1),考虑$\bar{B}$ = "4个人的生日的月份都不相同",故$|\bar{B}| = A_{12}^4$,于是得到

$$P(B) = 1 - P(\bar{B}) = 1 - \frac{A_{12}^4}{12^4} = 1 - \frac{11 \times 10 \times 9}{12^3}$$
$$= 0.43$$

例 5 在圆周上任取三个点A, B, C,求三角形ABC为锐角三角形的概率。

解 如图 4.2(a)所示,记圆心角$\angle BOC = x, \angle COA = y$,则三角形$ABC$的三个角分别为$\frac{1}{2}x, \frac{1}{2}y$和$\pi - \frac{1}{2}(x+y)$。于是,样本空间可表示成

$$\Omega = \{(x, y) \mid x > 0, y > 0, x + y < 2\pi\}$$

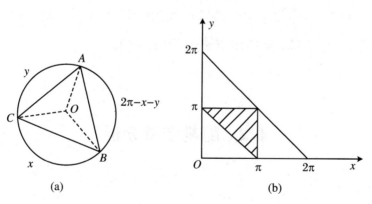

图 4.2

三角形ABC为锐角三角形,当且仅当$\frac{1}{2}x < \frac{\pi}{2}, \frac{1}{2}y < \frac{\pi}{2}$时,

$$\pi - \frac{1}{2}(x+y) < \frac{\pi}{2}$$

即$x < \pi, y < \pi, x + y > \pi$,故该事件可表示成

$$E = \{(x, y) \in \Omega \mid x < \pi, y < \pi, x + y > \pi\}$$

如图 4.2(b)所示,E为图中阴影部分,所求概率为

$$P(E) = \frac{|E|}{|\Omega|} = \frac{1}{4}$$

例6 有2 500个同一年龄段、同一社会阶层的人参加某保险公司的人寿保险。根据以往的统计资料，在1年里每个人死亡的概率为0.000 1，每个参加保险的人1年付给保险公司120元保险费，而死亡后其家属可从保险公司领取20 000元。求下列事件的概率：

A——保险公司亏本；

B——保险公司1年获利不少于10万元。

解 设这2 500人中有k个人死亡。当且仅当$20\,000k > 2\,500 \times 120$，即$k > 15$(人)时，保险公司亏本。又由二项分布概率公式知，1年中有k个人死亡的概率为

$$C_{2\,500}^{k}(0.000\,1)^k(0.999\,9)^{2\,500-k}, \quad k = 0, 1, 2, \cdots, 2\,500$$

所以，保险公司亏本的概率为

$$P(A) = \sum_{k=16}^{2\,500} C_{2\,500}^{k}(0.000\,1)^k(0.999\,9)^{2\,500-k} \approx 0.000\,001$$

由此可见保险公司亏本几乎是不可能的。

又因保险公司1年获利不少于10万元等价于

$$2\,500 \times 120 - 20\,000k \geqslant 10^5$$

即

$$k \leqslant 10$$

所以保险公司1年获利不少于10万元的概率为

$$P(B) = \sum_{k=0}^{10} C_{2\,500}^{k}(0.000\,1)^k(0.999\,9)^{2500-k} \approx 0.999\,936$$

由此可见保险公司1年获利不少于10万元几乎是必然的。

4.2 随机变量分析

1. 随机变量的定义

若对于随机试验的每一个基本可能结果ω，都对应着一个实数$X(\omega)$，且随着ω的不同，$X(\omega)$取不同的实数值，则称变量X为定义在样本空间Ω上的随机变量。

2. 随机变量的分类

按随机变量的取值形式可分为如下两类：

① 离散型随机变量。若随机变量X的可能取值为有限个或至多可列个，且以确定的概

率取这些值,则称 X 为离散型随机变量。

② 连续型随机变量。若随机变量 X 的可能取值为若干区间或整个数轴内的全体实数,且取这些值的概率与这些值的测度(度量)有关,则称 X 为连续型随机变量。

3. 随机变量的概率分布

考虑随机变量取各种可能结果的概率。

例如,对于一个射手射击某一目标,我们不仅关心他射击的结果(中或不中),更关心他各种射击结果的可能性(概率);对于人的寿命而言,我们不仅关心人能否活到100岁,更关心人活到100岁的可能性(概率)有多大。

(1) 概率函数

通常用概率函数来表示离散型随机变量的分布,其形式为
$$P\{X = x_k\} = p_k, \quad k = 1,2,\cdots$$
这里 $\{X = x_1\}, \{X = x_2\}, \cdots$ 构成完备事件组。

显然有 $p_k \geqslant 0, k = 1,2,\cdots$,且
$$\sum_k p_k = 1$$

(2) 分布函数

用累积的形式反映随机变量的概率分布。

设 X 是一个随机变量,对任意实数 x,令
$$F(x) = P\{|X \leqslant x|\}, \quad x \in (-\infty, +\infty)$$
称 $F(x)$ 为随机变量 X 的概率分布函数,简称分布函数。

显然,$F(x)$ 是以全体实数为定义域的实值函数,并且对任意实数 x_1, x_2(不妨设 $x_1 < x_2$),有
$$P\{x_1 < X \leqslant x_2\} = F(x_2) - F(x_1)$$

(3) 连续型随机变量的分布密度函数

若对任意实数 x,随机变量 X 的分布函数可写成
$$F(x) = P\{X \leqslant x\} = \int_{-\infty}^{x} \varphi(t) dt$$
其中 $\varphi(t) \geqslant 0$,则称 X 为连续型随机变量,$\varphi(t)$ 为随机变量 X 的概率分布密度函数,也记 $X \sim \varphi(t)$。

4. 随机变量的数字特征

(1) 数学期望

① 定义：

随机变量的数学期望是反映随机变量取值的平均结果的数字特征。

a. 离散型随机变量的数学期望。设离散型随机变量 X 的概率函数为

$$P\{X = x_k\} = p_k, \quad k = 1, 2, \cdots$$

若级数 $\sum_{k=1}^{\infty} x_k p_k$ 绝对收敛，则称这级数的和为随机变量 X 的数学期望，记为

$$E(X) = \sum_{k=1}^{\infty} x_k p_k$$

也称期望或均值。

b. 连续型随机变量的数学期望。设连续型随机变量的概率分布密度函数为 $\varphi(x)$，若积分 $\int_{-\infty}^{+\infty} x\varphi(x)\mathrm{d}x$ 绝对收敛，则称该积分为随机变量的数学期望，记为

$$E(X) = \int_{-\infty}^{+\infty} x\varphi(x)\mathrm{d}x$$

显然，随机变量的数学期望是对随机变量的取值按其取值的概率(或概率密度)进行加权求和(或求积分)。

② 性质：

利用数学期望的定义，可以证明数学期望的如下性质：

a. 常量的数学期望是常量自身，即 $E(C) = C$ (C 为常量)。

b. $E(X + C) = E(X) + C$ (C 为常量)。

c. $E(CX) = CE(X)$ (C 为常量)。

d. $E(aX + b) = aE(X) + b$ (a, b 为常量)。

e. $E(X + Y) = E(X) + E(Y)$。该性质可推广到任意有限个随机变量的情形。

f. 若随机变量 X, Y 相互独立，则

$$E(XY) = E(X) \cdot E(Y)$$

该性质可推广到任意有限个随机变量的情形。

(2) 方差

对随机变量 X，若 $E(X)$ 存在，则称 $X - E(X)$ 为随机变量 X 的离差。

随机变量的方差是反映随机变量与其数学期望偏离程度的数字特征。

① 定义：

称随机变量 X 的离差平方和的数学期望为随机变量 X 的方差，记为 $D(X)$ 或 DX 或 σ_X^2，即

$$D(X) = E(X - E(X))^2$$

称 $\sqrt{D(X)}$ 为 X 的标准差。

② 性质：

利用方差的定义,可证明方差的如下性质：

a. 常量的方差为零,即 $D(C) = 0$（C 为常量）。

b. $D(X + C) = D(X)$（C 为常量）。

c. $D(CX) = C^2 D(X)$（C 为常量）。

d. 若随机变量 X, Y 相互独立,则

$$D(X \pm Y) = D(X) + D(Y)$$

该性质可推广到有限多个相互独立变量的情形。

e. $D(X) = EX^2 - (EX)^2$。

5. 常用随机变量的分布

(1) 0-1 分布

① 定义：

若随机变量 X 仅取值 0 和 1,即它的概率函数为

$$P\{X = k\} = p^k q^{1-k}, \quad k = 0,1; q = 1 - p$$

则称 X 为服从 0-1 分布的随机变量。

② 数字特征：

若 X 服从 0-1 分布,则

$$E(X) = p, \quad D(X) = pq$$

(2) 二项分布

若事件 A 在每次试验中发生的概率均为 p,则 A 在 n 次重复独立试验中恰好发生 k 次的概率应为

$$P_n(k) = C_n^k p^k q^{n-k}, \quad q = 1 - p$$

① 定义：

若随机变量 X 的概率函数为

$$P\{X = k\} = C_n^k p^k q^{n-k}, \quad k = 0,1,\cdots,n$$

其中 $0 < p < 1, q = 1 - p$,则称 X 服从二项分布,简记为 $X \sim B(n, p)$。显然,随机变量 X 就是事件 A 在 n 次重复独立试验中恰好发生的次数。

② 数字特征：

若 $X \sim B(n, p)$,则

$$E(X) = np, \quad D(X) = npq$$

(3) 超几何分布

① 定义：

设全体有 N 个元素，分为两类，N_1 个元素属于第一类，N_2 个元素属于第二类（$N_1 + N_2 = N$），从中不放回地抽取 n 个，令 X 表示这 n 个元素中第一（或第二）类元素的个数，则称 X 的分布为超几何分布，其概率函数为

$$P\{X = k\} = \frac{C_{N_1}^k C_{N_2}^{n-k}}{C_N^n}, \quad k = 0, 1, \cdots, \min\{n, N_1\}$$

② 数字特征：

$$E(X) = \frac{n \cdot N_1}{N}$$

$$D(X) = \frac{n \cdot N_1}{N}\left(1 - \frac{N_1}{N}\right)\left(\frac{N-n}{N-1}\right)$$

(4) 泊松分布

① 定义：

若随机变量 X 的概率函数由下式确定：

$$P_\lambda(k) = P\{X = k\} = \frac{\lambda^k}{k!}e^{-\lambda}, \quad k = 0, 1, 2, \cdots$$

其中 $\lambda > 0$，则称 X 服从参数为 λ 的泊松分布。

② 数字特征：

若随机变量 X 服从参数为 λ 的泊松分布，则

$$E(X) = \lambda, \quad D(X) = \lambda$$

(5) 均匀分布

① 定义：

若随机变量 X 的概率密度函数由下式确定：

$$\varphi(x) = \begin{cases} \lambda, & a \leqslant x \leqslant b (a < b) \\ 0, & \text{其他} \end{cases}$$

其中 $\lambda > 0$ 为常数，则称 X 服从区间 $[a, b]$ 上的均匀分布。

由上式可知，对于服从均匀分布的随机变量，它落入 $[a, b]$ 内任意子区间 $[c, d]$（$c \geqslant a$，$d \leqslant b$）的概率与这个子区间 $[c, d]$ 的位置无关，而仅与子区间 $[c, d]$ 的长度有关。同时，根据概率密度函数的性质，可知常数 λ 应为 $\frac{1}{b-a}$。

② 数字特征：

若随机变量 X 服从 $[a, b]$ 上的均匀分布，则

$$E(X) = \frac{a+b}{2}, \quad D(X) = \frac{(b-a)^2}{12}$$

(6) 指数分布

① 定义：

若随机变量 X 的概率密度函数为

$$\varphi(x) = \begin{cases} \lambda e^{-\lambda x}, & x > 0 \\ 0, & x \leqslant 0 \end{cases}$$

其中 $\lambda > 0$ 为常数,则称 X 服从参数为 λ 的指数分布。

② 数字特征：

若随机变量 X 服从参数为 λ 的指数分布,则

$$E(X) = \frac{1}{\lambda}, \quad D(X) = \frac{1}{\lambda^2}$$

(7) 正态分布

① 概念的引入：

正态分布是最常用的一种连续型随机变量分布,它通常被用于描述一种主体因素不明确的现象。譬如,当所考虑的某个随机变量可看作是由许多作用微小、彼此独立的随机因素共同作用所引起时,这个随机变量可以被认为是服从正态分布的。

② 定义：

若随机变量 X 的概率密度函数为

$$\varphi(x) = \frac{1}{\sqrt{2\pi}\sigma} e^{\frac{-(x-\mu)^2}{2\sigma^2}}$$

其中 μ,σ 为常数,$\sigma > 0$,则称 X 服从正态分布,记为 $X \sim N(\mu,\sigma^2)$,X 为正态随机变量。

$$E(X) = \mu, \quad D(X) = \sigma^2$$

即服从正态分布的随机变量 X,其密度函数中的参数 μ,σ^2 分别是 X 的数学期望和方差。换句话说,只要知道正态变量 X 的两个数字特征 μ 和 σ^2,就可以完全确定该正态变量(图 4.3)。

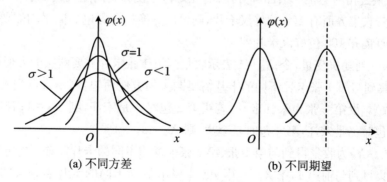

(a) 不同方差　　　　　　(b) 不同期望

图 4.3　正态分布图

③ 标准正态分布：

当 $\mu = 0, \sigma = 1$ 时,正态变量 X 的概率密度函数为

$$\varphi_0(x) = \frac{1}{\sqrt{2\pi}} e^{-\frac{x^2}{2}}$$

称 $\varphi_0(x)$ 为标准正态分布密度,称 X 服从标准正态分布,记 $X \sim N(0,1)$。

定理 若随机变量 $X \sim N(\mu, \sigma^2)$,则随机变量 $Y = \dfrac{X - \mu}{\sigma} \sim N(0,1)$。

4.3 概率分析算例

例1 某射手每次射击击中目标的概率都是 p,现连续向一目标射击,直到第一次击中为止。求射击次数 X 的期望值。

解 设射手连续射击次数为 x,则 x 服从几何分布,其分布为

$$P\{x = k\} = q^{k-1} p, \quad k = 1, 2, 3, \cdots$$

其中 $q = 1 - p$。

$$\begin{aligned}
E(X) &= \sum_{k=1}^{\infty} k \cdot q^{k-1} \cdot p = p \cdot \sum_{k=1}^{\infty} k q^{k-1} \\
&= (1 - q) \sum_{k=1}^{\infty} k q^{k-1} \\
&= \sum_{k=1}^{\infty} k q^{k-1} - \sum_{k=1}^{\infty} k q^{k} \\
&= (1 + 2q + 3q^2 + \cdots) - (q + 2q^2 + 3q^3 + \cdots) \\
&= 1 + q + q^2 + \cdots = \frac{1}{1 - q} = \frac{1}{p}
\end{aligned}$$

例2 设某公司为了推广某品牌方便面,在每包方便面袋内随机放入了一张水浒108位好汉的卡片,若收集齐所有108位好汉卡片,则可以兑换一台彩电。问平均需要购买多少包方便面,才能收集齐108位好汉卡片?

解 引入一列随机变量,令 $X_1 = 1$ 表示收集到第1张卡片需要购买的方便面包数。

X_2 为收集到与第1张卡片不同的卡片需要购买的方便面包数(不含得到第1张卡片需要购买的包数)。设第1张为宋江卡片,若买第2包时不是宋江,则 $X_2 = 1$;若运气不好,买第2包、第3包时仍是宋江,第4包时是李逵,则 $X_2 = 3$。

依此类推。X_3 为收集得到与第1张、第2张卡片均不同的卡片需购买的方便面包数。

X_n 为收集得到与前第1,第2,$\cdots$,第 $n-1$ 张卡片均不同的卡片需购买的方便面包数(不含得到前 $n-1$ 张卡片已购买的包数)。$n = 2, 3, \cdots, 108$。

设共需购买 X 包方便面,才能收集齐108好汉卡,则有

$$X = X_1 + X_2 + X_3 + \cdots + X_{108}$$

为求 X，先要求 X_n 的分布律：

$$P\{X_n = k\} = \left(\frac{n-1}{108}\right)^{k-1} \cdot \frac{108-(n-1)}{108}$$

即 X_n 服从参数为 $p_n = \dfrac{109-n}{108}$ 的几何分布。

∴ 其数学期望

$$E(X_n) = \frac{1}{p_n} = \frac{108}{109-n}$$

∴

$$E(X) = \sum_{n=1}^{108} E(X_n) = \sum_{n=1}^{108} \frac{108}{109-n}$$

$$= 108 \cdot \left(1 + \frac{1}{2} + \frac{1}{3} + \cdots \frac{1}{108}\right)$$

$$\approx 568.5$$

即平均需要购买 569 包方便面，才能收集齐 108 位好汉卡片。

例 3 对某产品进行抽查，只要发现废品就认为这批产品不合格，并结束抽查。若抽查到第 n 件仍未发现废品，则认为这批产品合格。假设产品数量很大，每次抽查到废品的概率都是 p，试求平均需抽查的件数。

解 设 X 为停止检查时抽查的件数，则 X 的可能取值为 $1, 2, \cdots, n$，且

$$P\{X = k\} = \begin{cases} q^{k-1}p, & k = 1, 2, \cdots, n-1 \\ q^{n-1}, & k = n \end{cases}$$

其中 $q = 1 - p$，于是

$$E(X) = \sum_{k=1}^{n-1} k q^{k-1} p + n q^{n-1}$$

$$= \sum_{k=1}^{n-1} k q^{k-1} - \sum_{k=1}^{n-1} k q^k + n q^{n-1}$$

$$= [1 + 2q + 3q^2 + \cdots + (n-1)q^{n-2}]$$

$$\quad - [q + 2q^2 + \cdots + (n-2)q^{n-2}$$

$$\quad + (n-1)q^{n-1}] + n q^{n-1}$$

$$= 1 + q + q^2 + \cdots + q^{n-1} = \frac{1-q^n}{1-q}$$

例 4 有人统计发现，在前 42 位美国总统中，有两人的生日相同，三人的卒日相同。其中，仆尔克生于 1795 年 11 月 2 日，哈定生于 1865 年 11 月 2 日；门罗卒于 1831 年 7 月 4 日，亚当斯、杰弗逊也都卒于 7 月 4 日。这是巧合吗？

分析 这就是历史上有名的生日问题。记 n 为相关的人数，n 个人中至少有两人的生日在同一天的概率为 $P(A)$，如表 4.1 所示。

表 4.1　n 个人中至少有两人的生日在同一天的概率

n	10	20	25	30	35	40	45	50	55
$P(A)$	0.12	0.41	0.57	0.71	0.81	0.89	0.94	0.97	0.99

上表所列的答案足以令多数人惊奇,因为"至少有两人生日相同"这件事情发生的概率,并不是大多数人想象中的那样小,而是相当大。

由表中可以看出,当人数是 40 时,"至少有两人生日相同"的概率为 0.89,因此,在 42 位美国总统中,有两人生日相同,根本不是什么巧合,而是很有可能的。

解　生与死对任何一个人来说都是偶然的,但对整个人类而言却是有规可循的,上述貌似巧合的现象,从概率意义上说却是正常的。

由古典概率可求得,在 m 个人中,至少有两人生日(或卒日)相同的概率为

$$P_m = 1 - \frac{A_{365}^m}{365^m} = 1 - \prod_{i=1}^{m-1}\left(1 - \frac{i}{365}\right)$$

它随 m 的增加而增大。

例 5　某地区的羊患某种病的概率是 0.25,且每只羊患病与否是彼此独立的。今研制出一种新的该种病的预防药,任选 12 只羊做实验,结果这 12 只羊服用此药后均未患病。问此药是否有效?

分析　此问题初看起来,会认为该种药一定有效,因为服药的羊均未患病。但细想一下会有问题,因为大部分羊不服药也不会患病,患病的羊只占 0.25,所以这 12 只羊都未患病,未必是药的作用。分析此问题的一个自然想法是:若药无效,随机抽取 12 只羊都不患病的可能性大不大。如果这件事发生的概率很小,几乎不会发生,那么这 12 只羊都未患病应该是药的效果,即药有效。

解　假设药无效,x 表示任取 12 只羊中患病的只数,则 x 服从 $n=12$,$p=0.25$ 的二项分布,即

$$P(x=k) = C_{12}^k 0.25^k \times 0.75^{12-k}, \quad k=0,1,\cdots,12$$

12 只羊都不患病的概率是 $P(x=0) = 0.75^{12} = 0.032$,这个概率很小,该事件几乎不会发生,说明我们的假设不对,即药是有效的。

例 6　某地区流行某种病,患者约占 10%,为开展防治工作,要对整个地区居民抽血化验,以便确切掌握到底哪些居民患该病。有两种方案:Ⅰ. 逐个化验。Ⅱ. 将 4 人并为一组混合化验,若合格,则只化验 1 次;若发现有问题,则再对 4 人逐一化验。问这两种方案哪一种更好? 方案能否改进?

分析　根据实际问题的背景,关于化验方案的好坏,有的人可能理解为化验方案的可行性、可操作分析性等,但在这里我们指的是化验次数的多少,即以化验方案次数的多少来衡量化验方案的优劣,对化验方案的改进也以此标准进行衡量。

解　设该地区居民有 n(n 比较大)个人,则患者有 $\frac{n}{10}$ 人。对方案Ⅰ,显然要化验 n 次,因此,下面只讨论方案Ⅱ的化验次数。

建立模型 1 从方案实施的最坏情况考虑,即假定在分组时,每一组至多仅含有一个患者,由于 n 人共分为 $\frac{n}{4}$ 组,每组化验一次,共需化验 $\frac{n}{4}$ 次,但其中有 $\frac{n}{10}$ 组正好各含有一个患者,因此每组需多化验 4 次,共需多化验 $4 \times \frac{n}{10}$ 次,故总的化验次数为

$$\frac{n}{4} + 4 \times \frac{n}{10} = \frac{13}{20}n = 0.65n < n$$

即方案Ⅱ至多化验 $0.65n$ 次,故方案Ⅱ优于方案Ⅰ。

说明 当 n 不能被 4 或 10 整除时,由于 n 比较大,其对模型Ⅰ的影响可忽略不计。

建立模型 2 用概率论的方法解决方案Ⅱ的化验次数问题,既不是从最坏情况考虑,也不是从最好情况考虑,而是从平均的次数考虑,也就是考虑化验次数的数学期望。为此,首先要引入一个随机变量 ζ 来描述这个问题,我们很自然地想到用化验次数作为随机变量,通过进一步分析可知,我们是在对哪一位居民是否患病无先验信息的情况下进行随机分组的,所以每组的情况可以认为是一样的,于是可以对每组选取一个随机变量 ζ_i $\left(i=1,2,\cdots,\frac{n}{4}\right)$ 来表示化验次数。因此总的化验次数的数学模型为

$$\min E\zeta = \min E(\zeta_1 + \zeta_2 + \cdots + \zeta_{\frac{n}{4}}), \quad \zeta_i \text{ 独立同分布}, i = 1,2,\cdots,\frac{n}{4}$$

显然 ζ_i 的取值为 1 和 5,$\zeta_i = 1$ 表示第 i 组只化验一次,这表明该组无患者,因此 $P(\zeta_i = 1) = 0.9^4 = 0.6561$。

$\zeta_i = 5$ 表示第 i 组化验不合格,这表明该组至少有一个患者,因此

$$P(\zeta_i = 5) = 1 - 0.9^4 = 0.3439$$

于是 ζ_i 的概率分布如表 4.2 所示。

表 4.2 ζ_i 的概率分布

ζ_i	1	5
P	0.6561	0.3439

从而每组化验次数的数学期望为

$$E\zeta_i = 1 \times 0.6561 + 5 \times 0.3439 = 2.3756$$

$$E\zeta = E\zeta_1 + E\zeta_2 + \cdots + E\zeta_{\frac{n}{4}} = 2.3756 \times \frac{n}{4} = 0.5939n < n$$

由此可见,方案Ⅱ优于方案Ⅰ,即平均来看,方案Ⅱ的化验次数大约仅为方案Ⅰ的 60%。

模型的改进 模型 2 可以进一步改进。由于模型 2 的具体化验过程是当某一组混合 4 人的血液化验有问题后,才对该组居民进行逐个化验。现在作如下改进:在进行逐个化验时,若前 3 人都不是患者,则第 4 人就不必再进行化验了,否则,才对第 4 个人进行化验。这时,每组化验次数 $\zeta_i\left(i=1,2,\cdots,\frac{n}{4}\right)$ 的概率分布如表 4.3 所示。

表 4.3 改进后 ζ_i 的概率分布

ζ_i	1	4	5
P	0.6561	$0.9^3 \times 0.1 = 0.0729$	0.271

从而每组化验次数的数学期望为

$$E\zeta_i = 1 \times 0.6561 + 4 \times 0.0729 + 5 \times 0.271 = 2.3027$$

$$E\zeta = E\zeta_1 + E\zeta_2 + \cdots + E\zeta_{\frac{n}{4}}$$

$$= 2.3027 \times \frac{n}{4} = 0.575675n < 0.5939n$$

即通过上述改进后,比模型 2 所用的化验次数又减少了 $0.018225n$ 次。当 n 较大时,这种改进还是很有益处的。

模型的进一步讨论 针对该类问题,是否有进一步优化的方案?我们讨论分组方案的设计。这里仅考虑分组的大小,即讨论每组分几个人时,才能使得总的化验次数最少。

不妨假定每组分 m 人,共分 $\frac{n}{m}$ 组。下面讨论 m 的取值,使得总的化验次数最少。

同样设第 i 组的化验次数为 $\zeta_i \left(i=1,2,\cdots,\frac{n}{m} \right)$,则 ζ_i 的概率分布为:

ζ_i	1	$m+1$
P	$(1-p)^m$	$1-(1-p)^m$

因此 $E\zeta_i = 1 \times (1-p)^m + (m+1) \times [1-(1-p)^m]$。

在 p 的值给定后,显然取 m 的值使得 $\frac{n}{m} E\zeta_i$ 达到最小是最好的分组方法。本问题中 $p=0.1$,则 $E\zeta_i = 0.9^m + (m+1) \times (1-0.9^m)$。

记 $g(m) = \frac{n}{m} E\zeta_i = \frac{n}{m}(m+1-m \cdot 0.9^m)$。

于是该问题归结为求 $m(0 < m \leqslant n)$ 的值,使得函数 $g(m)$ 值达到最小。

考察

$$\frac{g(m+1)}{g(m)} = \frac{m}{m+1} \cdot \frac{m+2-(m+1) \cdot 0.9^{(m+1)}}{m+1-m \cdot 0.9^m}$$

$$= 1 + \frac{-1 + 0.1m(m+1)0.9^m}{(m+1)(m+1-m \cdot 0.9^m)}$$

当 m 分别取 1,2,3 时,直接代入上式验证可得

$$-1 + 0.1m(m+1)0.9^m < 0$$

这表明当 $0 < m \leqslant 3$ 时,$\frac{g(m+1)}{g(m)} < 1$,

即 $g(1) > g(2) > g(3) > g(4)$;

当 $m \geqslant 4$ 时,直接代入上式验证可得

$$-1 + 0.1m(m+1)0.9^m > 0$$

这表明当 $m \geq 4$ 时,$\dfrac{g(m+1)}{g(m)} > 1$,

即 $g(4) < g(5) < g(6) < g(7) < \cdots$。

于是可知 $g(4)$ 为最小值。故对于该"分组化验问题",每 4 人一组为最优。

4.4 中心极限定理

研究"大量独立随机变量和的分布以正态分布为极限"的一类定理,称为中心极限定理。

事实上,若每个随机因素对其总和的影响均较小,则可认为大量的这些独立随机因素,其总和近似服从正态分布,这正是下面的李雅普诺夫中心极限定理。

设有相互独立的随机变量序列 $\{X_n\}$,对任意 k,有

$$EX_k = a_k, \quad DX_k = \sigma_k^2 < +\infty, \quad k = 1, 2, \cdots, n$$

若每个随机变量 X_k 对总和 $\sum_{k=1}^{n} X_k$ 的影响都不大,记 $S_n = \sqrt{\sum_{k=1}^{n} \sigma_k^2}$,则

$$\lim_{n \to \infty} P\left\{\frac{1}{S_n} \sum_{k=1}^{n} (X_k - a_k) < x\right\} = \frac{1}{\sqrt{2\pi}} \int_{-\infty}^{x} e^{-\frac{t^2}{2}} dt$$
$$= \Phi_0(x)$$

$\Phi_0(x)$ 为标准正态分布概率密度函数。

该定理表明,当 n 较大时,有

$$P\left\{\frac{\sum_{k=1}^{n}(X_k - a_k)}{\sqrt{\sum_{k=1}^{n} \sigma_k^2}} < x\right\} = P\left\{\frac{\sum_{k=1}^{n} X_k - \sum_{k=1}^{n} a_k}{\sqrt{\sum_{k=1}^{n} \sigma_k^2}} < x\right\}$$
$$\approx \Phi_0(x)$$

或当 n 较大时,近似地有

$$\frac{\sum_{k=1}^{n} X_k - \sum_{k=1}^{n} EX_k}{\sqrt{\sum_{k=1}^{n} DX_k}} \sim N(0,1)$$

例 1 设某个系统由 100 个相互独立起作用的部件所组成,每个部件损坏的概率为 0.1,必须有 85 个以上的部件完好才能使整个系统工作,求系统正常工作的概率。

解 设事件 $x_i = \begin{cases} 1, & \text{部件完好} \\ 0, & \text{部件损坏} \end{cases}$,

则
$$P\{x_i = 1\} = p = 0.9; \quad P\{x_i = 0\} = 0.1$$
$$E(x_i) = p = 0.9$$
$$D(x_i) = p(1-p) = 0.9 \times 0.1 = 0.09$$

所求概率为
$$P\left\{\sum_{i=1}^{100} x_i \geqslant 85\right\} = P\left\{\frac{X - nE(x_i)}{\sqrt{n \cdot D(x_i)}} \geqslant \frac{85 - nE(x_i)}{\sqrt{n \cdot D(x_i)}}\right\}$$
$$= P\left\{\frac{X - 90}{\sqrt{9}} \geqslant \frac{85 - 90}{\sqrt{9}}\right\}$$
$$= P\left\{\frac{X - 90}{3} \geqslant \frac{-5}{3}\right\}$$

由中心极限定理知,
$$所求概率 = 1 - \Phi\left(-\frac{5}{3}\right)$$
$$= \Phi(1.67)$$
$$= 0.95$$

即系统正常工作概率为95%。

例2 宿舍楼用水问题。

一个宿舍楼内有500名学生,盥洗室有50个水龙头,用水高峰期约为2个小时,每名学生平均用水时间为12分钟,等待时间不长(最多12分钟)。但经常等待却会令人烦恼,学生该有意见吗?

解 由题意知,出现在盥洗室中的学生超过50名就要等待。学生数是变化的,而且是随机的,最好的办法是用随机变量描述。

第一步:设 X 是某时刻同时用水的学生数;

第二步:X 服从什么分布?回忆学过的分布。

500名学生单个用水概率 $p = \dfrac{12}{2 \times 60} = 0.1$。

类似于设备运行故障问题。X 服从于二项分布 $X \sim B(n, p), n = 500, p = 0.1$。

概率公式:$P(X = k) = C_n^k p^k (1-p)^{n-k}$。

第三步:概率计算。我们关心不需要等待(即 $X < 50$)的概率
$$P(X < 50) = \sum_{k=0}^{49} C_n^k p^k (1-p)^{n-k}$$

$n = 500$ 很大,用二项公式计算很困难。回忆二项分布有两种渐近形式:泊松分布和正态分布(n 很大时),但因 $np = 50$ 太大而不适合前者,用后者更方便,即
$$\frac{X - E(X)}{\sqrt{D(X)}} \sim N(0,1) \quad (渐近)$$

计算 $E(X) = np = 50, D(X) = np(1-p) = 45$

利用 $x \sim N(E(X), D(X))$，直接变形后查表。

于是
$$P(X < 50) = P\left(\frac{X-50}{\sqrt{45}} < 0\right) = \Phi\left(\frac{50-50}{\sqrt{45}}\right) = \Phi(0) = 0.5,$$

表明需要等待的概率为 $P(X \geq 50) = 0.5$，即每两次用水，平均有一次要等待，难怪学生会有意见。以数据说明，更有说服力。

4.5 数理统计方法

1. 统计量的参数估计

(1) 点估计

设总体 X 的概率分布函数的形式为已知，但它的一个或多个参数为未知，如果得到了 X 的一组样本观察值 $x_1, x_2, \cdots, x_n$，很自然地会想到用这组数据来估计总体参数的值，这个问题称为参数的点估计问题。

例1 设某种灯泡寿命 $X \sim N(\mu, \sigma^2)$，其中 μ, σ^2 都是未知的。今随机取 4 只灯泡，测得寿命(以小时计)为

$$1\,502 \quad 1\,453 \quad 1\,367 \quad 1\,650$$

试估计 μ 及 σ^2。

解 因为 μ 为全体灯泡的平均寿命，$\bar{x}$ 为样本的平均寿命，很自然地会想到用样本平均值 $\bar{x}$ 来估计 μ。同样，以样本方差 s^2 来估计总体方差 σ^2，由

$$\bar{x} = \frac{1}{4}(1\,502 + 1\,453 + 1\,367 + 1\,650) = 1\,493$$

$$s^2 = \frac{1}{4-1}[(1\,502 - 1\,493)^2 + (1\,453 - 1\,493)^2 + (1\,367 - 1\,493)^2 + (1\,650 - 1\,493)^2]$$

$$= 14\,069$$

得 μ 及 σ^2 的估计值分别为 $1\,493$(小时)及 $14\,069$(小时^2)。

设 θ 为总体 X 的待估计的参数，一般用样本 $X_1, X_2, \cdots, X_n$ 构成的一个统计量 $\hat{\theta} = \hat{\theta}(X_1, X_2, \cdots, X_n)$ 来估计 θ，我们称 $\hat{\theta}$ 为 θ 的估计量。对应于样本的一个实际值，$x_1, x_2, \cdots, x_n$ 估计量 $\hat{\theta}$ 的值 $\hat{\theta}(x_1, x_2, \cdots, x_n)$ 称为 θ 的估计值，并仍简记作 $\hat{\theta}$。于是，点估计的问题就转化为寻求一个作为待估计参数 θ 的估计量 $\hat{\theta}(X_1, X_2, \cdots, X_n)$，但是必须注意，对于样本

的不同实现,估计值是不同的。

① 样本中位数 $\tilde{X}$:

$\tilde{X}$ 定义为样本 $X_1, X_2, \cdots, X_n$ 的函数:对于样本的一个实现,将它按大小次序排列,取居中的一个数(若 n 为偶数,则取居中两数的平均值)为 $\tilde{X}$ 的观察值,并记作

$$\tilde{X} = \begin{cases} X_{k+1}, & n = 2k+1 \\ \dfrac{1}{2}(X_k + X_{k+1}), & n = 2k \end{cases}$$

② 样本极差 R:

R 定义为样本 $X_1, X_2, \cdots, X_n$ 的函数:对于样本的一个实现,将它按大小次序排列,取最大值与最小值之差为 R 的观察值,并记作

$$R = \max(X_1, X_2, \cdots, X_n) - \min(X_1, X_2, \cdots, X_n)$$

$\tilde{X}$ 与 R 的观察值都是由样本实现按大小次序排列而确定的,所以它们都叫作顺序统计量。

以例1的观察值来说,其大小次序为

$$1\,367 \quad 1\,453 \quad 1\,502 \quad 1\,650$$

样本中位数的观察值为

$$\frac{1}{2}(1\,453 + 1\,502) = 1\,477.5$$

样本极差的观察值为

$$1\,650 - 1\,367 = 283$$

(2) 最(极)大似然估计

最(极)大似然原理的直观想法是:一个随机试验如有若干个可能的结果 $A, B, C \cdots$,若在一次试验中,结果 A 出现,则一般认为 A 出现的概率最大,也即试验条件对 A 出现有利。或者说在试验的很多可能条件中,认为应该是使事件 A 发生的概率为最大的那种条件存在。

例2 假设一个盒子里有许多白球和红球,而且已知它们的数目之比是 3∶1,但不知道是白球多还是红球多。设随机地在盒子中取一球为白球的概率是 p,如果有放回地从盒子里取 3 个球,那么取到白球的数目 X 服从二项分布

$$P(X = k) = C_3^k p^k (1-p)^{3-k}$$

如果样本中白球数为 0,那么应估计 $p=1/4$,而不估计 $p=3/4$,因为具有 $X=0$ 的样本来自 $p=1/4$ 的总体的可能性比来自 $p=3/4$ 的总体的可能性要大。一般当 $X=0,1$ 时,应估计 $p=1/4$;而当 $X=2,3$ 时,应估计 $p=3/4$,如表4.5所示。

表4.5 最(极)大似然估计

X	0	1	2	3
$p=1/4$ 时,$P\{X=k\}$	27/64	27/64	9/64	1/64
$p=3/4$ 时,$P\{X=k\}$	1/64	9/64	27/64	27/64

① 似然函数的定义:设总体 X 的分布类型已知,但含有未知参数 θ。

a. 设离散型总体 X 的概率分布律为 $p(x;\theta)$,则样本 $X_1,X_2,\cdots,X_n$ 的联合分布律

$$p(x_1;\theta)p(x_2;\theta)\cdots p(x_n;\theta) = \prod_{i=1}^{n} p(x_i;\theta)$$

称为似然函数,记为 $L(\theta) = L(x_1,x_2,\cdots,x_n;\theta) = \prod_{i=1}^{n} p(x_i;\theta)$。

b. 设连续型总体 X 的概率密度函数为 $f(x;\theta)$,则样本 $X_1,X_2,\cdots,X_n$ 的联合概率密度函数

$$f(x_1;\theta)f(x_2;\theta)\cdots f(x_n;\theta) = \prod_{i=1}^{n} f(x_i;\theta)$$

仍称为似然函数,记为 $L(\theta) = L(x_1,x_2,\cdots,x_n;\theta) = \prod_{i=1}^{n} f(x_i;\theta)$。

② 最(极)大似然估计值的定义:设总体的分布类型已知,但含有未知参数 θ。

设 $x_1,x_2,\cdots,x_n$ 为总体 X 的一个样本观察值,若似然函数 $L(\theta)$ 在 $\hat{\theta} = \hat{\theta}(x_1,x_2,\cdots,x_n)$ 处取到最大值,则称 $\hat{\theta}(x_1,x_2,\cdots,x_n)$ 为 θ 的最(极)大似然估计值。

③ 设总体的分布类型已知,但含有未知参数 θ。$x_1,x_2,\cdots,x_n$ 为总体 X 的一个样本观察值,若似然函数 $L(\theta)$ 关于 θ 可导,令

$$\frac{\mathrm{d}}{\mathrm{d}\theta}L(\theta) = 0$$

解此方程得 θ 的最(极)大似然估计值 $\hat{\theta}(x_1,x_2,\cdots,x_n)$,从而得到 θ 的最(极)大似然估计量 $\hat{\theta}(X_1,X_2,\cdots,X_n)$。

因为 $L(\theta)$ 与 $\ln L(\theta)$ 具有相同的最大值点,解方程 $\frac{\mathrm{d}}{\mathrm{d}\theta}\ln L(\theta)$ 也可得 θ 的最(极)大似然估计值 $\hat{\theta}(X_1,X_2,\cdots,X_n)$。

④ 设总体的分布类型已知,但含有多个未知参数 $\theta_1,\theta_2,\cdots,\theta_k$,这时总体的概率函数为 $f(x;\theta_1,\theta_2,\cdots,\theta_k)$。设 $x_1,x_2,\cdots,x_n$ 为总体 X 的一个样本观察值,若似然函数

$$L(\theta_1,\theta_2,\cdots,\theta_k) = L(x_1,x_2,\cdots,x_k;\theta_1,\theta_2,\cdots,\theta_k) = \prod_{i=1}^{n} f(x_i;\theta_1,\theta_2,\cdots,\theta_k)$$

将其取对数,然后对 $\theta_1,\theta_2,\cdots,\theta_k$ 求偏导数,得

$$\begin{cases} \dfrac{\partial \ln L(\theta_1,\theta_2,\cdots,\theta_k)}{\partial \theta_1} = 0 \\ \cdots \\ \dfrac{\partial \ln L(\theta_1,\theta_2,\cdots,\theta_k)}{\partial \theta_k} = 0 \end{cases}$$

该方程组的解 $\hat{\theta}_i = \hat{\theta}_i(x_1,x_2,\cdots,x_n), i = 1,2,\cdots,k$,即为 θ_i 的最(极)大似然估计值。

⑤ 求最(极)大似然估计的一般步骤归纳如下：

a. 求似然函数 $L(\theta)$;

b. 求出 $\ln L(\theta)$ 及方程 $\dfrac{d}{d\theta}\ln L(\theta) = 0$;

c. 解上述方程得到最(极)大似然估计值

$$\hat{\theta} = \hat{\theta}(x_1,x_2,\cdots,x_n)$$

例3 设 $X \sim B(1,p); X_1,\cdots,X_n$ 是来自 X 的一个样本,试求参数 p 的极大似然估计值。

解 设 $x_1,\cdots,x_n$ 是一个样本值。X 的分布律为

$$P\{X = x\} = p^x(1-p)^{1-x}, \quad x = 0,1$$

故似然函数为

$$L(p) = \prod_{i=1}^{n} p^{x_i}(1-p)^{1-x_i} = p^{\sum\limits_{i=1}^{n}x_i}(1-p)^{n-\sum\limits_{i=1}^{n}x_i}$$

而

$$\ln L(p) = \Big(\sum_{i=1}^{n}x_i\Big)\ln p + \Big(n - \sum_{i=1}^{n}x_i\Big)\ln(1-p)$$

令 $\dfrac{d}{dp}\ln L(p) = 0$,即

$$\frac{\sum\limits_{i=1}^{n}x_i}{p} - \frac{n - \sum\limits_{i=1}^{n}x_i}{1-p} = 0$$

解得 p 的极大似然估计值

$$\hat{p} = \frac{1}{n}\sum_{i=1}^{n}x_i = \bar{x}$$

例4 设 $X \sim N(\mu,\sigma^2)$,其中 μ 已知,σ^2 为未知参数,$x_1,\cdots,x_n$ 是来自 X 的一个样本值,求 σ^2 的极大似然估计值。

解 X 的概率密度为

$$f(x;\sigma^2) = \frac{1}{\sqrt{2\pi}\sigma}\exp\Big\{-\frac{1}{2\sigma^2}(x-\mu)^2\Big\}$$

似然函数为

$$L(\sigma^2) = \prod_{i=1}^{n} \frac{1}{\sqrt{2\pi}\sigma} \exp\left\{-\frac{1}{2\sigma^2}(x_i - \mu)^2\right\}$$

$$= (2\pi\sigma^2)^{-\frac{n}{2}} \exp\left(-\frac{1}{2\sigma^2}\sum_{i=1}^{n}(x_i - \mu)^2\right)$$

$$\ln L = -\frac{n}{2}\ln(2\pi) - \frac{n}{2}\ln(\sigma^2) - \frac{1}{2\sigma^2}\sum_{i=1}^{n}(x_i - \mu)^2$$

$$\frac{\mathrm{d}\ln L}{\mathrm{d}\sigma^2} = -\frac{n}{2\sigma^2} + \frac{1}{2\sigma^4}\sum_{i=1}^{n}(x_i - \mu)^2$$

令

$$\frac{\mathrm{d}\ln L}{\mathrm{d}\sigma^2} = 0$$

得似然方程

$$-\frac{n}{2\sigma^2} + \frac{1}{2\sigma^4}\sum_{i=1}^{n}(x_i - \mu)^2 = 0$$

解得

$$\hat{\sigma}^2 = \frac{1}{n}\sum_{i=1}^{n}(x_i - \mu)^2$$

因此 σ^2 的极大似然估计值为 $\hat{\sigma}^2 = \frac{1}{n}\sum_{i=1}^{n}(x_i - \mu)^2$。

例5 设总体 X 的密度函数为

$$f(x) = \begin{cases} \theta x^{\theta-1}, & 0 < x < 1 \\ 0, & 其他 \end{cases}$$

其中 θ 未知,$\theta > 1$,$x_1, \cdots, x_n$ 是从该总体抽取的一个样本。试求 θ 的极大似然估计。

解 似然函数为

$$L(\theta) = \theta^n \left(\prod_{i=1}^{n} x_i\right)^{\theta-1}$$

$$\ln L(\theta) = n\ln\theta + (\theta - 1)\sum_{i=1}^{n}\ln x_i$$

$$\frac{\mathrm{d}\ln L}{\mathrm{d}\theta} = \frac{n}{\theta} + \sum_{i=1}^{n}\ln x_i$$

令

$$\frac{\mathrm{d}\ln L}{\mathrm{d}\theta} = 0$$

得似然方程为

$$\frac{n}{\theta} + \sum_{i=1}^{n} x_i = 0$$

解得

$$\hat{\theta} = -\frac{n}{\sum_{i=1}^{n} \ln x_i}$$

因此 θ 的极大似然估计值为

$$\hat{\theta} = -\frac{n}{\sum_{i=1}^{n} \ln x_i}$$

例 6 设 $X \sim U[a,b]$，其中 a,b 未知，$x_1,\cdots,x_n$ 是一个样本值，求 a,b 的极大似然估计。

分析 X 的概率密度为

$$f(x;a,b) = \begin{cases} \dfrac{1}{b-a}, & a \leqslant x \leqslant b \\ 0, & \text{其他} \end{cases}$$

似然函数为

$$L(a,b) = \frac{1}{(b-a)^n}, \quad a < x_i < b, i = 1,2,\cdots,n$$

$$\ln L(a,b) = -n\ln(b-a)$$

$$\frac{\partial}{\partial a}\ln L(a,b) = \frac{n}{b-a} = 0; \quad \frac{\partial}{\partial b}\ln L(a,b) = -\frac{n}{b-a} = 0$$

显然，似然方程组无解，但这不能说明不存在极大似然估计量，只是不能由似然方程组求解。

解 将 $x_1,\cdots,x_n$ 按从小到大的顺序排列成

$$x_{(1)} \leqslant x_{(2)} \leqslant \cdots \leqslant x_{(n)}$$

则

$$L(a,b) = \begin{cases} \dfrac{1}{(b-a)^n}, & a \leqslant x_{(1)} \leqslant \cdots \leqslant x_{(n)} \leqslant b \\ 0, & \text{其他} \end{cases}$$

对于满足 $a \leqslant x_{(1)} \leqslant \cdots \leqslant x_{(n)} \leqslant b$ 的任意 a,b 有

$$L(a,b) = \frac{1}{(b-a)^n} \leqslant \frac{1}{(x_{(n)} - x_{(1)})^n}$$

即 $L(a,b)$ 在 $a = x_{(1)}, b = x_{(n)}$ 时，取最大值 $(x_{(n)} - x_{(1)})^{-n}$。

故 a,b 的极大似然估计值为

$$\hat{a} = x_{(1)} = \min\{x_1, x_2, \cdots, x_n\}$$

$$\hat{b} = x_{(n)} = \max\{x_1, x_2, \cdots, x_n\}$$

2. 统计推断的假设检验

统计推断中的另一类重要问题是根据样本的信息来判断总体分布是否具有指定的特征，例如，已知样本来自正态总体，问是否有理由说它来自均值为 μ_0 的正态总体？如果已知相互独立的两个样本，它们分别来自两个正态总体，是否能说这两个总体的均值相同或方差

相同？这类问题称为假设检验问题。

本章主要考虑以样本平均值和样本方差为工具的一些较重要的假设检验，这里先结合例子来说明假设检验的一些思想。

例 1 某车间用一台包装机包装葡萄糖，额定标准为每袋净重 0.5 千克。设包装机称得的糖重服从正态分布，且根据长期的经验知其标准差 $\sigma = 0.015$ 千克。某天开工后，为检验包装机的工作是否正常，随机抽取它所包装的糖 9 袋，称得净重为

0.497 0.506 0.518 0.524 0.488 0.511 0.510 0.515 0.512

问这天包装机的工作是否正常？

分析 设这天包装机所包装的糖的重量为 x，则 $x \sim N(\mu, \sigma^2)$，$\sigma = 0.015$。我们用假设

$$H_0: \mu = \mu_0 = 0.5$$

表示包装机工作正常。

接下去是要判断这个假设是否符合实际观察结果。

由于要判断的是总体均值是否等于 μ_0，所以我们选用样本平均值 $\bar{x}$ 这一统计量进行判断。

我们知道，即使机器工作正常，波动性总是存在的。例 1 中关于 x 为随机变量的假定正是说明了这一点，所以机器所包装的每包葡萄糖净重不会都等于 μ_0，总有一些差异，从而观察值 $\bar{x}$ 也不见得恰好等于 μ_0。但若观察值 $\bar{x}$ 与 μ_0 有显著的差异，即若 $|\bar{x} - \mu_0|$ 相当大时，则我们认为机器工作不正常，需要校准或修理。

用数理统计的语言来说，就是：若 $|\bar{x} - \mu_0| < k$（k 是某一适当常数，其值在下面确定），则我们接受假设 H_0（即认为包装机工作正常）；若 $|\bar{x} - \mu_0| > k$，则我们拒绝假设 H_0（即认为包装机工作不正常）。

然而，即使假设 H_0 实际上是对的，由于我们作出判断的依据是一个样本，仍有可能拒绝 H_0，这是一种错误，犯这种错误的概率记作 α，即

$$P\{拒绝 H_0 \mid H_0 为真\} = P\{|\bar{x} - \mu_0| > k \mid \mu = \mu_0\} = \alpha \tag{4.1}$$

我们自然希望把 α 控制在一定限度以内，例如取 $\alpha = 0.05$（α 取定后，由式(4.1)就能确定常数 k）。

综合上述，得假设检验法如下：

选定一正数 α，$0 < \alpha < 1$，按式(4.1)确定 k，若观察值 $\bar{x}$ 满足 $|\bar{x} - \mu_0| > k$，则拒绝假设 H_0；反之，若 $\bar{x}$ 满足 $|\bar{x} - \mu_0| < k$，则接受假设 H_0。

现在，根据上述检验法给出例 1 的具体解答。

解 由于 $x \sim N(\mu, \sigma^2)$，故 $\bar{x} \sim N(\mu, \sigma^2/n)$，其中 $n = 9$ 为样本容量，$\sigma = 0.015$。当 H_0 为真时，对于给定的 α，由

$$P\{|\bar{x} - \mu_0| > k \mid \mu = \mu_0\} = P\left\{\frac{|\bar{x} - \mu_0|}{\sigma/\sqrt{n}} > \frac{k}{\sigma/\sqrt{n}}\right\} = \alpha$$

及双侧百分位点定义得

$$\frac{k}{\sigma/\sqrt{n}} = Z_{\alpha/2}$$

故

$$k = \frac{\sigma}{\sqrt{n}} \cdot Z_{\alpha/2}$$

当

$$|\bar{x} - \mu_0| > k$$

就拒绝 H_0；若上列不等号反向,则接受 H_0。

例如若取 $\alpha = 0.05$,则由正态表得 $z_{0.025} = 1.96$,又已知 $n = 9$, $\sigma = 0.015$,故

$$k = \frac{0.015}{\sqrt{9}} \times 1.96 = 0.0098$$

但可算得 $\bar{x} = 0.509$, $|\bar{x} - \mu_0| = |0.509 - 0.5| = 0.009 < 0.0098$。我们认为假设 H_0 符合实际情况,从而接受 H_0,即认为这天包装机工作正常。

例2 设例1中的包装机在另一天仍按例1中的规格包装葡萄糖,从中随机抽取9袋,算得 $\bar{x} = 0.511$(千克)。问这天包装机的工作是否正常(取 $\alpha = 0.05$)?

解 这里仍用假设

$$H_0 : \mu = \mu_0 = 0.5$$

表示包装机工作正常。

因为一切条件都与例1相同,所以采用同样的方法来检验。现在

$$|\bar{x} - \mu_0| = |0.511 - 0.5| = 0.011 > 0.0098$$

于是,我们认为假设 H_0 不符合实际情况,从而拒绝 H_0,即认为这一天包装机的工作不正常。

在上述讨论中,可以看到, α 的选择很重要。在样本容量固定时,选定 α 后,k 值就随之确定,然后我们按照 $|\bar{x} - \mu_0|$ 大于还是小于 k 作出决定,因此, $k = \frac{\sigma}{\sqrt{n}} z_{\alpha/2}$ 可以看作检验上述假设的一个标准,它是样本平均值 $\bar{x}$ 的一个误差限度。若 $|\bar{x} - \mu_0| > k$,则称 $\bar{x}$ 与 μ_0 的差异是显著的,从而拒绝假设 H_0；反之,若 $|\bar{x} - \mu_0| < k$,则称 $\bar{x}$ 与 μ_0 的差异并不显著,从而接受假设 H_0。

数 α 又称检验的显著性水平。上述的假设检验问题通常叙述成:在(显著性)水平 α 下,检验假设

$$H_0 : \mu = \mu_0$$

拒绝假设 H_0 的区域(如上两例中的 $|\bar{x} - \mu_0| > k$)称为检验的拒绝域,拒绝域的边界点叫临界点(如上两例中的点 $\mu_0 - k$ 及 $\mu_0 + k$)。

上面给出的检验法则是符合实际推断原理的,因通常 α 总是取的比较小,事件 $\{|\bar{x} - \mu_0| > k | \mu = \mu_0\}$ 发生的概率是小概率,根据实际推断原理就可以认为,若 $H_0 : \mu = \mu_0$ 为真,则观察值 $\bar{x}$ 满足 $|\bar{x} - \mu_0| > k$ 是几乎不可能的。所以,若在一次观察中真的出现了满足 $|\bar{x} - \mu_0| >$

k 的 $\bar{x}$，则表明原来的假设 H_0 有问题，因而拒绝 H_0（如例2）；若出现的观察值 $\bar{x}$ 满足 $|\bar{x} - \mu_0| < k$，则表明假设 H_0 与实际情况没有矛盾，因而接受 H_0（如例1）。

但是，检验法则一旦确定后，在实际检验中，我们总有可能作出错误的判断。如上面所讨论那样，在实际上假设 H_0 为真时，我们有可能犯拒绝 H_0 的错误。我们称这类"弃真"的错误为第一类错误。又当 H_0 为不真时，我们也有可能接受 H_0，我们称这类"取伪"的错误为第二类错误。

进一步讨论可得，在样本容量确定后，犯两类错误的概率不可能同时减少，减少其中一个，另一个往往会增大。要它们同时减少，只有增加样本容量。在实际问题中，一般控制犯第一类错误的概率 α，α 的大小视具体情况而定，通常 α 取 $0.1, 0.05, 0.01, 0.005, 0.001$ 等数值。

有时候，我们只关心总体均值是否增大，譬如，在试验新工艺以提高产品的质量时，需考虑材料的强度、元件的使用寿命等指标，这时，总体均值越大越好。若我们能判断在新工艺下总体均值较以往正常生产的为大，则可考虑采用新工艺。对于这种情形，我们要检验的是在新工艺下的总体均值 μ 是等于原来的总体均值 μ_0，还是大于 μ_0？即要确定接受假设 $H_0 : \mu = \mu_0$，还是接受另一假设 $H_1 : \mu > \mu_0$。这种检验的一般叙述方式为：在水平 α 下，检验假设

$$H_0 : \mu = \mu_0; \quad H_1 : \mu > \mu_0 \tag{4.2}$$

这里的 H_1 称为备择假设，原来的假设 H_0 称为原假设或零假设。形如式(4.2)的假设检验，称为总体均值的右边检验，水平 α 仍指犯第一类错误的概率，即当 H_0 为真时，拒绝 H_0（因而接受 H_1）的概率。与上面类似，若

$$\bar{x} - \mu_0 > k \quad 或 \quad \bar{x} > \mu_0 + k \tag{4.3}$$

我们拒绝 H_0（因而接受 H_1），其中 k 由

$$P\{\bar{x} - \mu_0 > k \mid \mu = \mu_0\} = \alpha \tag{4.4}$$

确定；若式(4.3)不等号反向，则接受 H_0（从而拒绝 H_1）。

式(4.3)所确定的一个 $\bar{x}$ 的区域称为假设检验式(4.2)的拒绝域。

例3 某厂生产的乐器用的一种镍合金弦线，长期以来，其抗拉强度的总体均值为 10 560（千克/厘米^2）。今新生产了一批弦线，随机取 10 根做抗拉试验，测得其抗拉强度（单位：千克/厘米^2）为

10 512　　10 623　　10 668　　10 554　　10 776
10 707　　10 557　　10 581　　10 666　　10 670

设弦线的抗拉强度服从正态分布，问这批弦线的抗拉强度是否较以往生产的弦线的抗拉强度高（取 $\alpha = 0.05$）？

解 本例是一个右边检验问题，即在 $\alpha = 0.05$ 下，检验假设

$$H_0 : \mu = \mu_0 = 10\,560, \quad H_1 : \mu > \mu_0$$

为了从式(4.4)确定拒绝域式(4.3)，应找出 $\bar{x}$ 的分布。今仅知总体为正态分布，但总体方差未知，故应寻求不含总体方差的统计量，统计量

$$\frac{\bar{x} - \mu_0}{s/\sqrt{n}} \sim t(n-1)$$

只包含总体均值 μ_0，而不含总体方差，利用此统计量，由式(4.4)得

$$P\{\bar{x} - \mu_0 > k \mid \mu = \mu_0\} = P\left\{\frac{\bar{x} - \mu_0}{s/\sqrt{n}} > \frac{k}{s/\sqrt{n}}\right\} = \alpha$$

则由 t 分布的上 100α 百分位点定义可得

$$\frac{k}{s/\sqrt{n}} = t_\alpha(n-1)$$

故拒绝域为

$$\frac{\bar{x} - \mu_0}{s/\sqrt{n}} > t_\alpha(n-1)$$

或

$$\bar{x} > \mu_0 + \frac{s}{\sqrt{n}} t_\alpha(n-1)$$

本例中，$\alpha = 0.05$，$n = 10$，查表可得 $t_{0.05}(9) = 1.8331$。又由样本观察值得

$$\bar{x} = 10\,631.4, \quad s = 81.00$$

故

$$\frac{s}{\sqrt{n}} t_\alpha(n-1) = \frac{81}{\sqrt{10}} \times 1.8331 \approx 47.0$$

$$\mu_0 + \frac{s}{\sqrt{n}} t_\alpha(n-1) = 10\,560 + 47.0 = 10\,607.0 < 10\,631.4$$

即 $\bar{x}$ 落在拒绝域中，所以我们在水平 0.05 下拒绝 H_0，从而认为这批弦线较以往生产的弦线在抗拉强度方面有显著地提高。

在实际问题中，总体方差常为未知，所以常用服从 t 分布的统计量检验总体均值。

与右边检验相仿，有时需做下列左边检验，即在水平 α 下，检验假设

$$H_0: \mu = \mu_0, \quad H_1: \mu < \mu_0$$

其处理的方法，与右边检验问题类似。

相对于单边检验来说，例1、例2中的检验称为双边检验，也可以写出其备择假设 $H_1: \mu \neq \mu_0$。但双边检验的备择假设常忽略。

综合上述，处理假设检验问题的步骤如下：

① 根据实际情况提出假设 H_0（对于单边检验，还应写出备择假设）；
② 选取适当的水平 α；
③ 确定检验用的统计量和拒绝域的形式；
④ 求出拒绝域；
⑤ 根据样本观察值确定接受还是拒绝假设 H_0。

(1) t 检验

t 检验法是用服从 t 分布的统计量检验正态总体均值的方法。假设样本容量为 n，当总

体方差为未知时,我们查自由度为 $n-1$ 的 t 分布表以确定拒绝域;当总体方差为已知时,我们查自由度为 ∞ 的 t 分布表,即标准正态分布表,以确定拒绝域。这是因为自由度为 ∞ 的 t 分布与正态分布 $N(0,\sigma^2)$ 重合。它们的结果如表 4.6 所示。

表 4.6 正态总体均值检验表

	H_0	H_1	方差 σ^2 为已知	方差 σ^2 为未知
			在显著性水平 α 下拒绝 H_0,若	
Ⅰ	$\mu=\mu_0$	$\mu>\mu_0$	$\bar{x}>\mu_0+\dfrac{\sigma}{\sqrt{n}}z_\alpha$	$\bar{x}>\mu_0+\dfrac{s}{\sqrt{n}}t_\alpha>\mu_0+\dfrac{\sigma}{\sqrt{n}}$
Ⅱ	$\mu=\mu_0$	$\mu<\mu_0$	$\bar{x}<\mu_0-\dfrac{\sigma}{\sqrt{n}}z_\alpha$	$\bar{x}<\mu_0-\dfrac{s}{\sqrt{n}}t_\alpha(n-1)$
Ⅲ	$\mu=\mu_0$	$\mu\neq\mu_0$	$|\bar{x}-\mu_0|>\dfrac{\sigma}{\sqrt{n}}z_{\alpha/2}$	$|\bar{x}-\mu_0|>\dfrac{s}{\sqrt{n}}t_{\alpha/2}(n-1)$

我们还可以用 t 检验法来检验二正态总体均值差的假设。

设二正态总体 $N(\mu_1,\sigma_1^2)$ 和 $N(\mu_2,\sigma_2^2)$ 的两组相互独立样本的平均值分别为 $\bar{x}_1,\bar{x}_2$,样本方差分别为 s_1^2,s_2^2,样本容量分别为 n_1,n_2,记

$$s_w^2=\dfrac{(n_1-1)s_1^2+(n_2-1)s_2^2}{n_1+n_2-2}$$

则对于总体方差为已知,以及总体方差为未知但相等的情形,二正态总体均值差的检验,结果如表 4.7 所示。

表 4.7 易由表 4.6 推得。常用的是 $\delta=0$ 的情形,需要指出的是,当 σ_1^2,σ_2^2 为未知时,应先检验方差齐性,即检验 $\sigma_1^2=\sigma_2^2$,然后使用本检验法。

表 4.7 二正态总体均值差的检验表

	H_0	H_1	σ_1^2,σ_2^2 为已知	σ_1^2,σ_2^2 为未知,但 $\sigma_1^2=\sigma_2^2$
			在显著性水平 α 下拒绝 H_0,若	
Ⅰ	$\mu_1-\mu_2=\delta$	$\mu_1-\mu_2>\delta$	$\bar{x}_1-\bar{x}_2>\delta+z_\alpha\sqrt{\dfrac{\sigma_1^2}{n_1}+\dfrac{\sigma_2^2}{n_2}}$	$\bar{x}_1-\bar{x}_2>$ $\delta+t_\alpha(n_1+n_2-2)s_w\sqrt{\dfrac{1}{n_1}+\dfrac{1}{n_2}}$
Ⅱ	$\mu_1-\mu_2=\delta$	$\mu_1-\mu_2<\delta$	$\bar{x}_1-\bar{x}_2<\delta-z_\alpha\sqrt{\dfrac{\sigma_1^2}{n_1}+\dfrac{\sigma_2^2}{n_2}}$	$\bar{x}_1-\bar{x}_2<$ $\delta-t_\alpha(n_1+n_2-2)s_w\sqrt{\dfrac{1}{n_1}+\dfrac{1}{n_2}}$
Ⅲ	$\mu_1-\mu_2=\delta$	$\mu_1-\mu_2\neq\delta$	$|\bar{x}_1-\bar{x}_2-\delta|>z_{\alpha/2}\sqrt{\dfrac{\sigma_1^2}{n_1}+\dfrac{\sigma_2^2}{n_2}}$	$|\bar{x}_1-\bar{x}_2-\delta|>$ $t_{\alpha/2}(n_1+n_2-2)s_w\sqrt{\dfrac{1}{n_1}+\dfrac{1}{n_2}}$

例 4 今有两台测量材料中某种金属含量的光谱仪 u 和 v。为鉴定它们的质量有无显著差异,对该金属含量不同的 9 件材料样品进行测量,得到 9 对观察值如下:

u(%)　　0.20　0.30　0.40　0.50　0.60　0.70　0.80　0.90　1.00

$v(\%)$	0.10	0.21	0.52	0.32	0.78	0.59	0.68	0.77	0.89

问根据试验结果,在 $\alpha = 0.01$ 下,能否判断这两台光谱仪的质量有显著差异?

解 若这两台仪器质量一样,则测量得到的每对数据的差异应是仅由随机误差引起的,而随机误差的分布可以认为是均值为零的正态分布,因此,这两台仪器质量有无显著差异的问题可归结为判断 $x = u - v$ 是否服从正态分布 $N(0, \sigma^2)$,此处 σ^2 为未知,即可归结为在水平 0.01 下,检验假设

$$H_0 : E(x) = 0$$

由表 4.6 可知,此检验的拒绝域为

$$|\bar{x}| > \frac{s}{\sqrt{n}} t_{\alpha/2}(n-1)$$

由 $x = u - v$ 计算 x 的观察值,得相互独立的观察值如下:

0.10 0.09 −0.12 0.18 −0.18 0.11 0.12 0.13 0.11

$\sum x_i = 0.54$,故

$$\bar{x} = \frac{1}{n}\sum x_i = \frac{0.54}{9} = 0.06$$

$\sum (x_i - \bar{x})^2 = 0.1204$,故

$$s^2 = \frac{1}{n-1}\sum(x_i - \bar{x})$$

$$= \frac{0.1204}{8} = 0.01505$$

查表得 $t_{\alpha/2}(n-1) = t_{0.005}(8) = 3.3554$

$$\frac{s}{\sqrt{n}} t_{\alpha/2}(n-1) = \frac{\sqrt{0.01505}}{\sqrt{9}} \times 3.3554 = 0.1372$$

$\bar{x} = 0.06$ 不落在拒绝域内,故在水平 0.01 下认为这两台仪器质量并无显著差异。

(2) χ^2 检验

设样本 $x_1, x_2, \cdots, x_n$ 来自方差 σ^2 为未知的正态总体 $N(\mu, \sigma^2)$,则可利用服从 χ^2 分布的统计量检验 σ^2 的各种假设。其结果如表 4.9 所示。

表 4.9 χ^2 检验表

	H_0	H_1	μ 为已知	μ 为未知
			在显著性水平 α 下拒绝 H_0,若	
I	$\sigma^2 = \sigma_0^2$	$\sigma^2 > \sigma_0^2$	$\sum_{i=1}^{n}(x_i - \mu)^2 > \sigma_0^2 \chi_\alpha^2(n)$	$s^2 > \frac{\sigma_0^2}{n-1}\chi_\alpha^2(n-1)$
II	$\sigma^2 = \sigma_0^2$	$\sigma^2 < \sigma_0^2$	$\sum_{i=1}^{n}(x_i - \mu)^2 < \sigma_0^2 \chi_{1-\alpha}^2(n)$	$s^2 < \frac{\sigma_0^2}{n-1}\chi_{1-\alpha}^2(n-1)$

续表

	H_0	H_1	μ 为已知	μ 为未知
			在显著性水平 α 下拒绝 H_0,若	
Ⅲ	$\sigma^2 = \sigma_0^2$	$\sigma^2 \neq \sigma_0^2$	$\sum_{i=1}^{n}(x_i-\mu)^2 > \sigma_0^2 x_{\alpha/2}^2(n)$ 或 $\sum_{i=1}^{n}(x_i-\mu)^2 < \sigma_0^2 x_{1-\alpha/2}^2(n)$	$s^2 > \dfrac{\sigma_0^2}{n-1}x_{\alpha/2}^2(n-1)$ 或 $s^2 < \dfrac{\sigma_0^2}{n-1}x_{1-\alpha/2}^2(n-1)$

例 5 某厂生产的某种型号电池,其寿命长期以来服从方差 $\sigma^2 = 5\,000$(小时^2)的正态分布,今有一批这种电池,从它的生产情况来看,寿命波动性较大。为判断这种想法是否合乎实际,随机取了 26 只电池,测出其寿命的样本方差 $s^2 = 7\,200$(小时^2)。问根据这个数字能否断定这批电池的波动性较以往的有显著地变化(取 $\alpha = 0.02$)?

解 在水平 0.02 下,检验假设
$$H_0: \sigma^2 = 5\,000, \quad H_1: \sigma^2 > 5\,000$$

由 χ^2 检验法知,若
$$s^2 = 7\,200 < \frac{\sigma_0^2}{n-1}x_{1-\alpha/2}^2(n-1) \quad 或 \quad s^2 = 7\,200 > \frac{\sigma_0^2}{n-1}\chi_{\alpha/2}^2(n-1)$$

则拒绝假设 H_0。由 $\alpha = 0.02, n = 26$,查表得
$$\frac{\sigma_0^2}{n-1}\chi_{1-\alpha/2}^2(n-1) = \frac{5\,000}{25} \times 11.524 = 2\,304.8$$
$$\frac{\sigma_0^2}{n-1}\chi_{\alpha/2}^2(n-1) \frac{5\,000}{25} \times 44.314 = 8\,862.8$$

$s^2 = 7\,200$,它既不小于 2 304.8,也不大于 8 862.8,所以不能拒绝假设 H_0,即在水平 0.02 下认为这批电池的波动性较以往的并无显著地变化。

第5章 风险型决策分析

5.1 风险型决策

风险型决策是决策者根据多种不同自然状态可能发生的概率所进行的决策。

例1 某建筑公司承建一项道路改造工程,需要决定下个月是否开工。根据历史气象统计资料,下个月天气好的概率是 0.4,若开工,则可以收益 5 000 元;若不开工,则损失 1 000 元。天气坏的概率是 0.6,若开工,则损失 2 000 元;若不开工,则损失 1 000 元,如表 5.1 所示。问应开工否?

表 5.1 开工与否的益损值分析

益损值(元) \ 天气状况 \ 方案	天气好	天气坏
	0.4	0.6
开工	5 000	−2 000
不开工	−1 000	−1 000

风险型决策一般需具备的条件:
① 存在着决策者希望达到的一个或一个以上明确的决策目标;
② 存在着决策者可以主动选择的两个以上的行动方案;
③ 存在着不以决策者的主观意志为转移的两种以上的自然状态;
④ 存在着可以具体计算出的不同行动方案在不同自然状态下的损益值;
⑤ 存在着决策者可以根据有关资料事先估计或计算出的各种自然状态的概率(主观概率或客观概率)。

1. 最大可能法

即选择发生概率最大的状态,而不必考虑其他状态(把一个风险型决策问题变成了确定型决策问题)。

(1) 决策规则

在决策时,先选择发生概率最大的自然状态 θ^*,然后在该状态下从可行方案集 X 中选择益损值为最大值的方案。

$$f^* = f(x^*, \theta^*) = \underset{x \in X}{\mathrm{opt}}\{f(x,\theta) \mid p(\theta^*) = \max_{x \in X} p(\theta)\}$$

式中,x——决策变量;X——可行方案集,即决策变量的可行域;θ——自然状态变量;$p(\theta)$——状态 θ 的概率;$f(x,\theta)$——在状态 θ 下选择方案 x 时的益损值。

例 2 某风险型决策问题中,各方案的益损值如表 5.2 所示。

表 5.2 各方案的益损值

自然状态	天气情况	θ_1:有雨	θ_2:无雨
	概率	$p(\theta_1) = 0.7$	$p(\theta_2) = 0.3$
备选方案	x_1:露天展销(万元)	−13	3
	x_2:租馆展销(万元)	−10	−10

解 根据最大可能法,应选择有雨状态(概率为 0.7)对应的决策方案,则 x_2 即为最优方案。

(2) 最大可能法适用场合

在风险型决策问题中,当各自然状态中某一状态较其他状态出现的概率大得多,且其他每个状态下各方案的益损值差别不大时,可采用最大可能法。

2. 期望值法

即以目标函数的数学期望为基础,将不同方案在不同状态下的期望收益值进行比较,选择期望收益值最大或期望损失值最小的方案作为最优方案。

期望值法的决策规则为

$$f(x^*) = \max_{x \in X} E[f(x,\theta)]$$

式中,$f(x,\theta)$——益损函数;$E[\ ]$——求 $[\ ]$ 内随机变量的数学期望。

对于例 1 中问题,分别计算不同方案下的期望益损值:

$$E(\text{开工}) = 0.4 \times 5\,000 + 0.6 \times (-2\,000) = 800(\text{元})$$

$$E(\text{不开工}) = 0.4 \times (-1\,000) + 0.6 \times (-1\,000) = -1\,000(\text{元})$$

所以应选择开工。

例 3 机器设备的最佳保养周期决策。

假设某企业现有机器 $n = 50$ 台,且修理一台坏机器的成本 $c_1 = 100$ 元,而每台机器每次的保养成本 $c_2 = 10$ 元。且在第 t 年每台机器损坏的概率为 p_t,机器损坏的台数为 n_t,根据经验，p_t 的值如表 5.3 所示。问需多长时间对机器设备保养一次，将使每年单位机器的维修成本最小？

表 5.3 不同使用时间下机器损坏的概率

使用时间 t(年)	1	2	3	4	5
损坏概率 p_t	0.05	0.07	0.10	0.13	0.18

解 设维修时间间隔为 x(年)。当 $x = T$ 时，每年单位机器的维修成本为

$$C(T) = \frac{1}{nT}\left(c_1 \sum_{i=1}^{T} n_t + c_2 n\right)$$

每年单位机器维修期望成本为

$$E[C(T)] = \frac{1}{nT}\left(c_1 \sum_{i=1}^{T} E[n_t] + c_2 n\right)$$

式中，n_t 为随机变量，且服从二项分布 $B(n, p_t)$；$E[n_t]$ 为第 t 年内损坏的机器台数的均值，即 $E[n_t] = n \cdot p_t$，则有

$$E[C(T)] = \frac{1}{T}\left(c_1 \sum_{i=1}^{T} p_t + c_2\right)$$

若要使 $E[C(T)]$ 为最小而求得最佳保养周期 T^*，则必须满足以下条件：

$$E[C(T^* - 1)] \geqslant E[C(T^*)]$$

且

$$E[C(T^* + 1)] \geqslant E[C(T^*)]$$

按 T 由小到大的顺序逐步计算 $E[C(T)]$，计算结果如表 5.4 所示，满足上述条件的最优方案为 $x^* = T^* = 3$(年)。

表 5.4 $E[C(T)]$ 计算结果

T(年)	p_t	$\sum p_t$	$E[C(T)]$(元)
1	0.05	0.05	15.00
2	0.07	0.12	11.00
3	0.10	0.22	10.67
4	0.13	0.35	11.25
5	0.18	0.53	12.60

3. 决策树法

决策树法具有直观明了、易于理解、便于分析等特点。但是，如果备选方案和自然状态较多时，决策树就会过于庞大和复杂，这时用决策表和决策矩阵就比较方便。

根据所决策的问题是否具有阶段性，可将决策树法分为单级决策树法和多级决策树法。有些决策问题，当进行决策后又产生一些新情况，并需要进行新的决策，接着又有一些

新情况,又需要进行新的决策,这样决策、情况、决策……构成一个序列,这就是序列决策。描述序列决策的有力工具是决策树,决策树是由决策点、事件点及结果构成的树形图。一般选用最大收益期望值和最大效用期望值或最大效用值为决策准则。下面用例子说明。

例 4 设有某石油钻探队,在一片估计能出油的荒田钻探。可以先做地震试验,然后决定钻井与否;或不做地震试验,只凭经验决定钻井与否。已知做地震试验的费用为每次 3 000 元,钻井费用为 10 000 元。若钻井后出油,该钻探队可收入 40 000 元;若不出油则没有任何收入。各种情况下出油的概率已估计出,并标在图 5.1 上。问钻井队的决策者如何作出决策,使收入的期望值最大?

解 上述决策问题可用决策树来求解,并将有关数据标在图上,如图 5.1 所示。

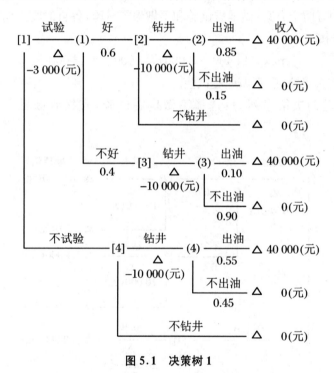

图 5.1 决策树 1

[ ]表示决策点 ( )表示事件点 △表示收益点,负值表示支出

图 5.1 表明这是两级随机决策问题,采用逆决策顺序方法求解。计算步骤如下:
① 计算各事件点的收入期望值。

事件点	收入期望值
(2)	$40\,000 \times 0.85 + 0 \times 0.15 = 34\,000$(元)
(3)	$40\,000 \times 0.10 + 0 \times 0.90 = 4\,000$(元)
(4)	$40\,000 \times 0.55 + 0 \times 0.46 = 22\,000$(元)

将收入期望值标在相应的各点处,这时可将原决策树简化为图 5.2(a)。
② 按最大收入期望值决策准则在图 5.2(a)上给出各决策点的抉择。在决策点[2],按
$$\max[(34\,000 - 10\,000), 0] = 24\,000$$

所对应的策略为应选策略,即钻井。在决策点[3],按
$$\max[(4\,000 - 10\,000), 0] = 0$$
所对应的策略为应选策略,即不钻井。在决策点[4],按
$$\max[(22\,000 - 10\,000), 0] = 12\,000$$
所对应的策略为应选策略,即钻井。

③ 在决策树上保留各决策点的应选方案。把淘汰策略去掉,得到图 5.2(b),这时再计算事件点(1)的收入期望值:
$$24\,000 \times 0.60 + 0 \times 0.40 = 14\,400$$
将它标在(1)旁。

④ 决策点[1]有两个方案:做地震试验和不做地震试验,各自的收入期望值为(14 400 − 3 000)和 12 000。按
$$\max[(14\,400 - 3\,000), 12\,000] = 12\,000$$
所对应的策略为应选策略,即不做地震试验。

这个决策问题的决策序列为:选择不做地震试验,直接判断钻井,收入期望值为 12 000 元。

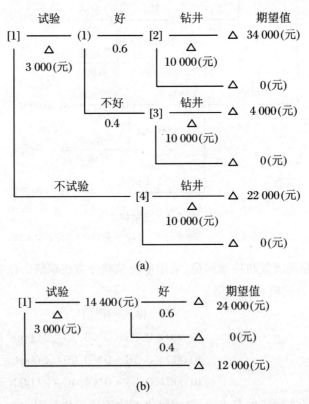

图 5.2 决策树 2

5.2 报童问题

假设某商店拟在新年期间出售一种日历画片,每售出一百张可获利 7 元。如果在新年期间不能售出,必须削价处理,此时每百张赔损 4 元。根据以往的经验,市场需求量概率如表 5.5 所示。

表 5.5 市场需求量概率

需求量(单位:百张)r	0	1	2	3	4	5
概率 $p(r)$	0.05	0.10	0.25	0.35	0.15	0.10

问商店应准备多少货是最佳的?

这是一个典型的报童问题。

报童每天出售的报纸数量是一个随机变量。已知报童每售出一份报纸赚 k 元,若未能售出,则每份赔 h 元。每日售出的报纸份数 r 的概率 $P(r)$ 根据以往的经验是已知的,问报童每日最好准备多少份报纸?

分析 报童售报:
$$a(零售价) > b(购进价) > c(退回价)$$

售出一份赚 $a-b=k$(元);退回一份赔 $b-c=h$(元)。

购进太多 → 卖不完退回 → 赔钱
购进太少 → 不够销售 → 赚钱少
}存在一个合适的购进量

应根据需求确定购进量。

每天需求量是随机的 → 每天收入是随机的。

假如订货量与销售量均为连续的随机变量,例如可以取一切非负实数,那么我们就可以引入微积分的方法。设售出商品量为 r,其概率密度为已知的连续函数 $p(r)$

$$\int_{-\infty}^{+\infty} p(r)\mathrm{d}r = 1$$

设订购量为 Q,则获利 $R(Q)$ 为

$$R(Q) = \begin{cases} kQ, & Q \leqslant r \\ kr - h(Q-r), & Q > r \end{cases}$$

获利的期望值为:

$$E[R(Q)] = \int_{-\infty}^{+\infty} k(Q)p(r)\mathrm{d}r$$
$$= \int_{-\infty}^{Q} [kr - h(Q-r)]p(r)\mathrm{d}r + \int_{Q}^{+\infty} kQp(r)\mathrm{d}r$$

$$= (k+h)\int_{-\infty}^{Q} rp(r)\mathrm{d}r - hQ\int_{-\infty}^{Q} p(r)\mathrm{d}r + kQ\left(1 - \int_{-\infty}^{Q} p(r)\mathrm{d}r\right)$$

$$= (k+h)\int_{-\infty}^{Q} rp(r)\mathrm{d}r - (h+k)Q\int_{-\infty}^{Q} p(r)\mathrm{d}r + kQ$$

对 Q 求导,有

$$(k+h)Qp(Q) - (h+k)\left[Qp(Q) + \int_{-\infty}^{Q} p(r)\mathrm{d}r\right] + k = 0$$

$$\Rightarrow \int_{-\infty}^{Q} p(r)\mathrm{d}r = \frac{k}{k+h}$$

此时的 $Q = Q^*$ 即为最优订购量。

对于前面的商店卖画片问题,可以求解如下:

已知 $k = 7, h = 4, \dfrac{k}{k+h} = 0.637$,且 $p(0) = 0.05, p(1) = 0.10, p(2) = 0.25, p(3) = 0.35, p(4) = 0.15, p(5) = 0.10$,有

$$\sum_{r=0}^{2} p(r) = 0.40 < 0.637 < \sum_{r=0}^{3} p(r) = 0.75$$

可知当进货量等于三百张时,商店可能的盈利最大。

前面分析的是报童每日报纸的订货量 Q 为何值时,赚钱的期望值最大。反言之,如何适当地选择 Q 值,使因不能售出报纸的损失及因缺货失去销售机会的损失,两者期望值之和最小。现在用计算损失期值最小的办法求解。

解 设售出报纸数量为 r,其概率 $p(r)$ 为已知,$\sum_{r=0}^{\infty} p(r) = 1$。

设报童订购报纸数量为 Q。

① 供过于求时($r \leqslant Q$),因报纸不能售出而承担的损失,其期望值为

$$\sum_{r=0}^{Q} h(Q-r)P(r)$$

② 供不应求时($r > Q$),因缺货而少赚钱的损失,其期望值为

$$\sum_{r=Q+1}^{Q} k(r-Q)P(r)$$

综合①,②两种情况,当订货量为 Q 时,损失的期望值为

$$C(Q) = h\sum_{r=0}^{\infty}(Q-r)P(r) + k\sum_{r=Q+1}^{\infty}(r-Q)P(r)$$

要从式中决定 Q 的值,使 $C(Q)$ 最小。

由于报童订购报纸的份数只能取整数,r 是离散变量,不用求导数的方法求极值。为此设报童每日订购报纸份数最佳量为 Q,其损失期望值应有:

(1) $C(Q) \leqslant C(Q+1)$;

(2) $C(Q) \leqslant C(Q-1)$。

从(1)出发进行推导有

$$h\sum_{r=0}^{Q}(Q-r)P(r) + k\sum_{r=Q+1}^{\infty}(r-Q)P(r)$$
$$\leqslant h\sum_{r=0}^{Q+1}(Q+1-r)P(r) + k\sum_{r=Q+2}^{\infty}(r-Q-1)P(r)$$

经化简后可得

$$(k+h)\sum_{r=0}^{Q}P(r) - k \geqslant 0$$

$$\sum_{r=0}^{Q}P(r) \geqslant \frac{k}{k+h}$$

从(2)出发进行推导有

$$h\sum_{r=0}^{Q}(Q-r)P(r) + k\sum_{r=Q+1}^{\infty}(r-Q)P(r)$$
$$\leqslant h\sum_{r=0}^{Q-1}(Q-1-r)P(r) + k\sum_{r=Q}^{\infty}(r-Q+1)P(r)$$

经化简后可得

$$(k+h)\sum_{r=0}^{Q-1}P(r) - k \leqslant 0$$

即

$$\sum_{r=0}^{Q-1}P(r) \leqslant \frac{k}{k+h}$$

报童应准备的报纸最佳数量 Q 应按下列不等式确定：

$$\sum_{r=0}^{Q-1}P(r) < \frac{k}{k+h} \leqslant \sum_{r=0}^{Q}P(r)$$

在实际中可取 $\sum_{r=0}^{Q}P(r)$ 与 $\frac{k}{k+h}$ 最接近的 Q 值。

5.3 贝叶斯决策

在管理决策的实际过程中，往往存在两种偏向：一是缺乏市场调查，对状态变量概率分布情况掌握还十分粗糙，就匆忙进行决策，造成决策失误；二是市场调查费用过高，收集的信息没有给管理者带来应有的效益。前者忽视了信息对决策的价值，后者没有考虑信息本身的经济性。只有将两者合理地结合起来，少花钱多办事，才能提高决策分析的科学性和效益性。这就是贝叶斯决策所要解决的问题。

在讨论贝叶斯决策方法之前，先回顾概率论中的一些知识。

1. 全概率公式

(1) 离散情况

设有完备事件组 $\{\theta_j\}(j=1,2,\cdots,n)$,满足:
$$\theta_i \cap \theta_j = \phi, \quad i,j=1,2,\cdots,n; i \neq j$$
$$\sum_{i=1}^{n} \theta_j = \Omega$$

则对任一随机事件 H,有全概率公式
$$p(H) = \sum_{j=1}^{n} p(H \mid \theta_j) \cdot p(\theta_j), \quad p(\theta_j) > 0$$

(2) 连续情况

设随机变量 θ 的概率密度为 $p(\theta)$,则对任一随机变量 ξ,有
$$h(\tau) = \int_{-\infty}^{+\infty} p(\theta) \pi(\tau \mid \theta) \mathrm{d}\theta$$
$$k(\theta/\tau) = \frac{p(\theta)\pi(\tau \mid \theta)}{h(\tau)}$$
$$= \frac{p(\theta)\pi(\tau \mid \theta)}{\int_{-\infty}^{+\infty} p(\theta)\pi(\tau \mid \theta)\mathrm{d}\theta}, \quad h(\tau) > 0$$

其中,$h(\xi)$ 表示随机变量 ξ 的密度函数,$\pi(\xi/\theta)$ 表示在 θ 条件下 ξ 的条件概率密度函数。

2. 条件概率

设 $p(A) > 0$,称
$$p(B \mid A) = \frac{p(AB)}{p(A)}$$

为在事件 A 发生条件下,事件 B 发生的概率,简称条件概率。

3. 贝叶斯公式

$$p(\theta_i \mid H) = \frac{p(H \mid \theta_i) \cdot p(\theta_i)}{p(H)}$$
$$= \frac{p(H \mid \theta_i) \cdot p(\theta_i)}{\sum_{j=1}^{n} p(H \mid \theta_j) \cdot p(\theta_j)}$$

其中,$i=1,2,\cdots,n; p(H) > 0$。

4. 贝叶斯决策的基本方法

例 某公司经营一种高科技产品,产品的销售情况有畅销(θ_1)、滞销(θ_2)两种,根据以往的经验,估计两种情况发生的概率分布和利润如表 5.6 所示。

表 5.6 两种情况发生的概率分布和利润

状态 θ	畅销(θ_1)	滞销(θ_2)
概率 $P(\theta_i)$	0.8	0.2
利润(万元)	1.5	-0.5

为了进一步摸清市场对这种产品的需求情况,拟聘请某咨询公司进行市场调查和分析。该公司对销售情况预测也有畅销(H_1)和滞销(H_2)两种,预测畅销的准确率为 0.95,预测滞销的准确率为 0.9,如表 5.7 所示。

表 5.7 销售情况预测

$P(H_i|\theta_j)$	θ_1	θ_2
H_1	0.95	0.10
H_2	0.05	0.90

根据市场咨询分析结果,问该公司应如何决策?

解 设该公司经营高科技产品有两个行动方案,即经营方案(a_1)、不经营方案(a_2),该产品的市场销售有两种状态,即畅销(θ_1)、滞销(θ_2),状态变量的先验分布为

$$P(\theta_1) = 0.8, \quad P(\theta_2) = 0.2$$

据题意,该公司的收益矩阵为

$$Q = (q_{ij})_{2\times 2} = \begin{pmatrix} 15\,000 & -5\,000 \\ 0 & 0 \end{pmatrix}$$

于是,由风险型决策的期望结果值准则

$$E(a_1) = \sum_{j=1}^{2} q_{1j}P(\theta_j) = 15\,000 \times 0.8 + (-5\,000) \times 0.2 = 11\,000$$

$$E(a_2) = \sum_{j=1}^{2} q_{2j}P(\theta_j) = 0$$

因此,按状态变量的先验分布进行决策,最满意的行动方案为 a_1。即由于

$$E(a_1) > E(a_2)$$

故有

$$a_{\text{opt}} = a_1$$

这表示,不论市场状态是畅销或是滞销,都应该作出经营该产品的决策。

拓展 如果补充市场调查分析的信息,应如何决策分析?根据市场预测的准确率,即在

实际状态 $\theta_j(j=1,2)$ 的条件下,利用预测值 $H_i(i=1,2)$ 的条件概率 $P(H_i/\theta_j)$ 进行决策。这里预测值 H_1 表示预测市场畅销,H_2 表示预测市场滞销。据题意,有

$$P(H_1/\theta_1) = 0.95, \quad P(H_2/\theta_1) = 0.05$$
$$P(H_1/\theta_2) = 0.10, \quad P(H_2/\theta_2) = 0.90$$

市场预测的准确率可以表示为矩阵

$$\begin{array}{c} & P(H_i/\theta_1) \quad P(H_i/\theta_2) \\ H_1 \\ H_2 \end{array} \begin{bmatrix} 0.95 & 0.10 \\ 0.05 & 0.90 \end{bmatrix}$$

由全概率公式,咨询公司预测该产品畅销和滞销的概率分别为

$$P(H_1) = \sum_{j=1}^{2} p(\theta_j) \cdot p(H_1/\theta_j) = 0.95 \times 0.8 + 0.10 \times 0.2 = 0.78$$

$$P(H_2) = \sum_{j=1}^{2} p(\theta_j) \cdot p(H_2/\theta_j) = 0.05 \times 0.8 + 0.90 \times 0.2 = 0.22$$

由贝叶斯公式,在不同的预测值 $H_i(i=1,2)$ 的条件下,状态值 $\theta_j(j=1,2)$ 的条件概率分别为

$$p(\theta_1/H_1) = \frac{p(H_1/\theta_1) \cdot p(\theta_1)}{p(H_1)} = \frac{0.95 \times 0.8}{0.78} \approx 0.9744$$

$$p(\theta_2/H_1) = \frac{p(H_1/\theta_2) \cdot p(\theta_2)}{p(H_1)} = \frac{0.1 \times 0.2}{0.78} \approx 0.0256$$

$$p(\theta_1/H_2) = \frac{p(H_2/\theta_1) \cdot p(\theta_1)}{p(H_2)} = \frac{0.05 \times 0.8}{0.22} \approx 0.1818$$

$$p(\theta_2/H_2) = \frac{p(H_2/\theta_2) \cdot p(\theta_2)}{p(H_2)} = \frac{0.9 \times 0.2}{0.22} \approx 0.8182$$

用补充信息(即市场预测)对状态变量(即畅销或滞销)的先验分布进行修正,得到的状态变量的概率分布称为后验分布。后验分布表示为矩阵,称为后验分布矩阵。即

$$\begin{array}{c} & P(\theta_1/H_i) \quad P(\theta_2/H_i) \\ H_1 \\ H_2 \end{array} \begin{bmatrix} 0.9744 & 0.0256 \\ 0.1818 & 0.8182 \end{bmatrix}$$

当市场预测为畅销时,即事件 H_1 发生,用后验分布的条件概率值 $P(\theta_1/H_1)$,$P(\theta_2/H_1)$ 去代替先验分布的概率值 $P(\theta_1)$,$P(\theta_2)$,再计算方案 a_1,a_2 的期望收益值分别为

$$\begin{aligned} E(a_1/H_1) &= \sum_{j=1}^{2} q_{1j}(\theta_j/H_1) \\ &= q_{11} \cdot p(\theta_1/H_1) + q_{12} \cdot p(\theta_2/H_1) \\ &= 15\,000 \times 0.9744 + (-5\,000) \times 0.0256 \\ &= 14\,487.2(元) \end{aligned}$$

$$E(a_2/H_1) = 0(元)$$

此时,$a_{\text{opt}}(H_1) = a_1$,表示当预测值 H_1 发生时,最满意的方案为经营该产品。

当市场预测为滞销时,即事件 H_2 发生,用后验分布的条件概率值 $P(\theta_2/H_2)$,$P(\theta_2/H_2)$ 去代替先验分布的概率值 $P(\theta_1)$,$P(\theta_2)$,再计算方案 a_1,a_2 的期望收益值,即

$$E(a_1/H_2) = \sum_{j=1}^{2} q_{1j} P(\theta_j/H_2)$$
$$= q_{11} \cdot p(\theta_1/H_2) + q_{12} \cdot p(\theta_2/H_2)$$
$$= 15\,000 \times 0.181\,8 + (-5\,000) \times 0.818\,2$$
$$= -1\,346(元)$$
$$E(a_2/H_2) = 0(元)$$

此时,$a_{\text{opt}}(H_2) = a_2$,表示当预测值 H_2 发生时,最满意的方案为不经营该产品。

该例告诉我们,贝叶斯决策就是通过市场调查分析获取补充信息,利用补充信息修正状态变量的先验分布,依据风险型决策的期望值准则,用后验分布替代先验分布,使状态变量的概率分布更加符合实际情况,从而作出决策,找出最满意的方案,提高决策的科学性和效益性。

第6章 差分方程分析

6.1 差分方程

1. 定义

设有一确定的点列,它可能是用 k 表示的等距离散时间点,同时假设有与这些点中的每个点相联系的值 $y(k)$(实数)。所谓差分方程就是将在 k 点与在其他点(通常是 k 的邻近点)的 y 值联系起来的一个方程。

如

$$y(k+1) = ay(k), \quad k = 0,1,2,\cdots$$

$$ky(k+2)y(k+1) = \frac{1}{2}\sqrt{y(k)y(k-1)}, \quad k = 1,2,\cdots$$

2. 线性差分方程

如前面所定义的那样,若差分方程具有如下形式:

$$a_n y(k+n) + a_{n-1} y(k+n-1) + \cdots + a_1 y(k+1) + a_0 y(k) = g(k)$$

其中 $a_n, a_{n-1}, \cdots, a_1, a_0$ 均为常数。

则称它为线性差分方程。线性性质使我们有可能明确地研究差分方程不同解之间的关系,从而得到相当完善的理论。

3. 齐次线性差分方程

若对于使线性差分方程有定义的集合中的一切 k,均有 $g(k)=0$,则称方程为齐次线性差分方程。即若一个线性差分方程的作用项(或右端)为零,则它是齐次的;若对于某些 k,

$g(k) \neq 0$,则方程是非齐次的。

给定一个一般的非齐次线性差分方程,我们可通过对所有的 k,令 $g(k)$ 为零,得到与它相对应的齐次方程

$$y(k+n) + a_{n-1}y(k+n-1) + \cdots + a_1 y(k+1) + a_0 y(k) = 0$$

这个对应的齐次方程在确定差分方程的非齐次解的过程中起着重要作用。

4. 差分方程的解

所谓差分方程的解就是使该方程成为恒等式的函数 $y(k)$。

定理 设 $\bar{y}(k)$ 是线性差分方程的一个特定解,则该方程所有解的集合是一切形如 $y(k) = \bar{y}(k) + z(k)$ 的函数的集合,其中 $z(k)$ 是相应的齐次方程的通解。

例如,对于一阶差分方程 $y(k+1) = ay(k)$,由于 $y(k+1) = a^{k+1} = a a^k = a y(k)$,故函数 $y(k) = a^k$ 使上述方程成为恒等式。

例 1 对于 $k = 1, 2, \cdots$,考察线性差分方程 $(k+1)y(k+1) - ky(k) = 1$ 的一个解为 $y(k) = 1 - \dfrac{1}{k}$。

解 该方程还可以有其他解,事实上,容易看出,对于任意常数 A,$y(k) = 1 + \dfrac{A}{k}$ 都是原方程的解。

例 2 已知 $y(k+1) = ay(k) + b, k = 0, 1, 2, \cdots$,求 $y(k)$。

解 当 $a = 1$ 时,$y(k+1) - y(k) = b$ 为等差序列,所以

$$\begin{aligned} y(k) &= y(0) + (k-1)b \\ &= A + k \cdot b \end{aligned}$$

其中 A 为一常数。

当 $a \neq 1$ 时,可求得

$$y(k) = D \cdot a^k + \frac{b}{1-a}$$

其中 D 为常数。

5. 线性差分方程的解

对于齐次线性差分方程,存在对应的特征方程

$$\lambda^n + a_{n-1}\lambda^{n-1} + \cdots + a_0 = 0$$

上式若有 k 个不同的实根,则差分方程有通解

$$x_n = c_1 \lambda_1^n + c_2 \lambda_2^n + \cdots + c_k \lambda_k^n$$

若有 m 重根 λ,则通解中有构成项

$$(\bar{c}_1 + \bar{c}_2 n + \cdots + \bar{c}_m n^{m-1})\lambda^n$$

$\bar{c}$ 为任意常数。

若有一对单复根 $\lambda = \alpha \pm i\beta$，i 为虚数单位，令 $\lambda = \rho e^{\pm i\varphi}$

$$\rho = \sqrt{\alpha^2 + \beta^2}, \quad \varphi = \arctan \frac{\beta}{\alpha}$$

则通解中有构成项

$$\bar{c}_1 \rho^n \cos \varphi n + \bar{c}_2 \rho^n \sin \varphi n$$

6.2 数列问题

数列(级数)的问题往往都可以采用差分方程的解法。

例 1 已知 $\{a_n\}$，满足 $a_1 = a_2 = 1$，且

$$a_{n+2} = 2a_{n+1} - a_n + 2^n, \quad n \geqslant 1$$

求 a_n。

解 原方程可写为 $a_{n+2} - 2a_{n+1} + a_n = 2^n$，其对应的齐次方程为 $a_{n+2} - 2a_{n+1} + a_n = 0$
则特征方程为

$$\lambda^2 - 2\lambda + 1 = 0, \quad \lambda_1 = \lambda_2 = 1$$

齐次方程通解为

$$x_n = (c_1 + c_2 n) \cdot 1^n = c_1 + c_2 n \quad (c_1, c_2 \text{ 为常数})$$

特解不妨设为 $A + B \cdot 2^n$，代入原方程可求得

$$z_n = A + 2^n$$

所以

$$a_n = c_1 + c_2 n + A + 2^n = c + c_2 n + 2^n \quad (c \text{ 为常数})$$

利用 $a_1 = a_2 = 1$，求得 $c = 1, c_2 = -2$。

所以

$$a_n = 1 - 2n + 2^n$$

例 2 设 $\{a_0\}$ 满足 $a_0 = 2, a_n = \dfrac{2a_{n-1} + 6}{a_{n-1} + 1}, n \geqslant 1$，求 a_n。

解 将原递推关系变为

$$a_n = 2 + \frac{4}{a_{n-1} + 1}$$

令

$$b_n = a_n + 1 \Rightarrow b_n = 3 + \frac{4}{b_{n-1}}, \quad n \geqslant 1$$

$$b_0 = 3$$

再令

$$b_n = \frac{p_n}{q_n} \Rightarrow \begin{cases} p_n = 3p_{n-1} + 4q_{n-1} \\ q_n = p_{n-1} \end{cases}$$

所以 p_n 满足

$$p_n = 3p_{n-1} + 4p_{n-2}, \quad n \geqslant 2$$

初值：$p_0 = 3, q_0 = 1; p_1 = 13, q_1 = 3$，求得

$$p_n = \frac{16}{5} \times 4^n - \frac{1}{5} \times (-1)^n$$

进一步反推可求得

$$a_n = \frac{3 \times 4^{n+1} + 2 \times (-1)^{n+1}}{4^{n+1} + (-1)^n}$$

例 3 设正数列 $\{a_n\}$ 满足 $a_1 = 1, a_2 = 10, a_n^2 a_{n-2} = 10 a_{n-1}^3$，求 a_n。

解 原递推关系可变为

$$\left(\frac{a_n}{a_{n-1}}\right)^2 = 10\left(\frac{a_{n-1}}{a_{n-2}}\right)$$

令 $b_n = \frac{a_n}{a_{n-1}}$，则 $b_n^2 = 10 b_{n-1}$，$b_2 = 10$，可解得 $b_n = 10$。

又由 $a_n = 10 a_{n-1}$，可得 $a_n = 10^{n-1}$。

例 4 已知 $y_{n-1} = \frac{1}{y_n + 2}$，求 y_n。

解 直接求解此方程较困难，故考虑进行变换。

作代换 $y_n = z_n + (\sqrt{2} - 1)$，代入原方程得

$$z_{n-1} = \frac{-(\sqrt{2} - 1) z_n}{z_n + \sqrt{2} + 1}$$

又令 $U_n = \frac{1}{z_n}$，则得

$$U_{n-1} = -\frac{\sqrt{2} + 1}{\sqrt{2} - 1} U_n - \frac{1}{\sqrt{2} - 1}$$

即

$$U_n = -\frac{(\sqrt{2} - 1)}{(\sqrt{2} + 1)} U_{n-1} - \frac{1}{(\sqrt{2} + 1)}$$

可求得

$$U_n = c \cdot (-1)^n (\sqrt{2} - 1)^{2n} - \frac{1}{2\sqrt{2}}$$

所以

$$y_n = \frac{1}{c \cdot (-1)^n (\sqrt{2}-1)^{2n} - \frac{\sqrt{2}}{4}} + (\sqrt{2}-1)$$

其中 c 为任意常数。

6.3 应 用 实 例

例1 平面上有 n 条直线，其中没有两条平行，也没有三条或以上的直线通过同一个点。问最多把平面分成多少份？

解 设 n 条这样的直线将平面分成不同的区域数为 $p(n)$。如果再增加一条直线 l，那么 l 必与原来的 n 条直线都相交一次，共有 n 个交点。这 n 个点将 l 分成 $n+1$ 个区间，每个区间都能把它所在的区域一分为二。所以增加一条直线后，区域数就增加 $n+1$，所以有

$$p(n+1) = p(n) + n + 1$$

解之，得

$$p(n) = \frac{n(n+1)}{2} + c$$

将 $p(1)=2$ 代入上式，得 $c=1$。

所以

$$p(n) = \frac{n^2 + n + 2}{2}$$

例2 遗传基因问题。

常染色体的基因遗传是从母体和父体中各取一个基因组成。假设遗传特征由两个基因 A 和 B 控制，则有三种可能的基因型：AA, AB, BB。例如金鱼草是由两个基因决定它开花的颜色：AA 型开红花，AB 型开粉花，BB 型开白花。

设某植物园中一种植物的基因型为 AA, AB 或 BB。现计划用 AA 型植物与每一种基因型植物相结合的方式培育植物后代。试预测若干年后，这种植物任一代的三种基因型的分布情况如何？

解 后代从上一代（即 $n-1$ 代）亲体中继承基因 A 或 B 是等可能的，则其遗传的概率分布如表 6.1 所示。

表 6.1　遗传基因的概率分布

下一代基因型 （n 代）	上一代父母基因型 （$n-1$ 代）					
	AA ｜ AA	AA ｜ AB	AA ｜ BB	AB ｜ AB	BB ｜ AB	BB ｜ BB
AA	1	1/2	0	1/4	0	0
AB	0	1/2	1	1/2	1/2	0
BB	0	0	0	1/4	1/2	1

设 a_n, b_n, c_n 分别表示第 n 代植物中基因型为 AA, AB, BB 的植物总数的百分率，$X^{(n)}$ 表示第 n 代植物的基因型分布律，则有

$$X^{(n)} = \begin{bmatrix} a_n \\ b_n \\ c_n \end{bmatrix}, \quad n = 0,1,2,\cdots$$

其中 $a_n + b_n + c_n = 1, \forall n \in \mathbf{N}$，当 $n=0$ 时，$X^{(0)} = (a_0 \quad b_0 \quad c_0)^{\mathrm{T}}$ 为初始分布。首先考虑第 n 代 AA 型，按表 6.1 所给数据

$$a_n = 1 \cdot a_{n-1} + \frac{1}{2} b_{n-1} + 0 \cdot c_{n-1}$$

$$b_n = 0 \cdot a_{n-1} + \frac{1}{2} b_{n-1} + 1 \cdot c_{n-1}$$

$$c_n = 0 \cdot a_{n-1} + 0 \cdot b_{n-1} + 0 \cdot c_{n-1}$$

所以

$$\begin{bmatrix} a_n \\ b_n \\ c_n \end{bmatrix} = \begin{bmatrix} 1 & \frac{1}{2} & 0 \\ 0 & \frac{1}{2} & 1 \\ 0 & 0 & 0 \end{bmatrix} \begin{bmatrix} a_{n-1} \\ b_{n-1} \\ c_{n-1} \end{bmatrix}$$

令 $M = \begin{bmatrix} 1 & \frac{1}{2} & 0 \\ 0 & \frac{1}{2} & 1 \\ 0 & 0 & 0 \end{bmatrix}$，则 $X^{(n)} = M \cdot X^{(n-1)}$，所以

$$X^{(n)} = M^n \cdot X^{(0)}$$

为求 M^n，考虑将矩阵 M 对角化。

即求 $P^{-1}MP = \Lambda$，P 为一正交阵，P 的各列为矩阵 M 的特征值对应的特征向量，Λ 为特征值对角阵。

可求得矩阵 M 的三个特征值分别为

$$\lambda_1 = 1, \quad \lambda_2 = \frac{1}{2}, \quad \lambda_3 = 0$$

对应的特征向量 $\boldsymbol{p}_1 = \begin{bmatrix} 1 \\ 0 \\ 0 \end{bmatrix}, \boldsymbol{p}_2 = \begin{bmatrix} 1 \\ -1 \\ 0 \end{bmatrix}, \boldsymbol{p}_3 = \begin{bmatrix} 1 \\ -2 \\ 1 \end{bmatrix}$,所以

$$\boldsymbol{M}^n = \boldsymbol{P} \cdot \begin{bmatrix} 1 & 0 & 0 \\ 0 & \left(\frac{1}{2}\right)^n & 0 \\ 0 & 0 & 0 \end{bmatrix} \boldsymbol{P}^{-1}$$

$$= \begin{bmatrix} 1 & 1-\frac{1}{2^n} & 1-\frac{1}{2^{n-1}} \\ 0 & \frac{1}{2^n} & \frac{1}{2^{n-1}} \\ 0 & 0 & 0 \end{bmatrix}$$

不妨设初始分布 $X^{(0)} = \begin{bmatrix} \frac{1}{3} \\ \frac{1}{3} \\ \frac{1}{3} \end{bmatrix}$,则由 $X^{(n)} = \boldsymbol{M}^n \cdot X^{(0)}$ 可求得 $X^{(n)} = \begin{bmatrix} 1-\frac{1}{2^n} \\ \frac{1}{2^n} \\ 0 \end{bmatrix}$ 所以当 $n \to \infty$

时,$a_n \to 1, b_n \to 0, c_n \to 0$,即经过若干年后,该种植物均表现 AA 型植物特征。

第 7 章 微分方程分析

自牛顿(Newton)和莱布尼茨(Leibniz)创立微积分以来,人们就开始研究微分方程。从最初的初等求解技巧到今天日益发达的数值模拟技术,从早期对方向场的理解到今天关于微分方程定性理论、分岔理论的成熟知识体系,三百多年的历史使这门数学分支不仅成为了数学学科中队伍最大、综合性最强的领域之一,而且成为数学学科以外最为关注的领域之一。它的发展极大地推动了自然科学、工程技术乃至社会科学的发展。尤其是地球椭圆轨道的计算、海王星的发现、弹道轨道的定位、大型机械振动的分析、自动控制的设计、气象数值预报,以及人口增长宏观预测等,微分方程为之提供了关键技术支撑。反过来这些实际问题也推动了微分方程领域走向纵深,使之成为推动当今经济发展、社会进步所不可缺少的一门高技术分析方法。

微分方程是研究自然科学、工程技术及社会生活中一些确定性现象的重要工具。通过研究微分方程的解的各种属性,我们就能解释一些现象、对未来的发展趋势作出预测或者为我们设计新的装置、新的产品提供参考。

7.1 微分方程的定义

方程就是包含未知量的等式,读者已经熟悉的方程包括一般的代数方程及三角函数方程等,如 $x^2+5x-6=0$,这些方程的未知量是一个量的某几个特定的值。但在科学技术和实际应用中还会碰到大量的方程,其未知量是一个函数,例如 $F(x,\phi(x))=0$,$\phi(x^2+1)=2\phi(x)$ 和 $\phi(\phi(x))=x$,其中 ϕ 是未知函数,这些方程称为函数方程或泛函方程。其中,那些联系着自变量、未知函数以及未知函数的导数的方程称为微分方程,例如:

$$\frac{d^2\phi}{dt^2} + k^2\phi + \gamma\phi^3 = A\cos\omega t$$

$$\frac{\partial\phi}{\partial t} = \frac{\partial^2\phi}{\partial x^2}$$

上述第一个方程为常微分方程(ordinary differential equation),其未知函数 $\phi(t)$ 是关于自

变量 t 的一元函数;第二个方程为偏微分方程(partial differential equation),其未知函数 $\phi(t,x)$ 为关于自变量 t,x 的多元函数。严格地说,常微分方程的一般形式是

$$F(t,\phi,\phi',\cdots,\phi^{(n)}) = 0 \tag{7.1}$$

其中 F 是一个已知函数,而 $\phi',\cdots,\phi^{(n)}$ 是未知函数 $\phi(t)$ 的一阶直至 n 阶导数。我们称 n 为方程(7.1)的阶,称方程(7.1)为 n 阶常微分方程。

7.2 微分方程的求解

微分方程的求解是一个技术性很强的工作,即使是一阶微分方程的求解往往也较困难。但对一些特殊形式的微分方程,仍然有一些通用方法。

1. 变量分离法

形如

$$\frac{\mathrm{d}y}{\mathrm{d}x} = h(x)g(y) \tag{7.2}$$

的一阶微分方程称为变量分离形式的方程,其中函数 $h(x)$ 在区间 (a,b) 上连续,$g(y)$ 在区间 (c,d) 上连续且不等于 0。

将方程(7.2)作等式变形得到

$$\frac{\mathrm{d}y}{g(y)} = h(x)\mathrm{d}x$$

两端积分得

$$G(y) = H(x) + C \tag{7.3}$$

例1 求微分方程

$$\frac{\mathrm{d}y}{\mathrm{d}x} = x(1 + y^2)$$

的通解。

解 进行等式变换,有

$$\frac{\mathrm{d}y}{1 + y^2} = x\mathrm{d}x$$

两边同时积分

$$\arctan y = \frac{1}{2}x^2 + C$$

其中 C 为任意常数。

2. 常数变易法

许多表面上看来不是变量可分离形式的方程可以通过变量变换的方法化成变量分离的形式，从而采用常数变易的方法求解。

一阶线性微分方程，即

$$\frac{\mathrm{d}y}{\mathrm{d}x} = a(x)y + f(x) \tag{7.4}$$

当 $f(x)=0$ 时，称方程(7.4)为齐次线性方程；否则，称方程(7.4)为非齐次线性方程。

假定函数 $a(x),f(x)$ 在区间 (a,b) 上连续，我们先求解齐次线性方程

$$\frac{\mathrm{d}y}{\mathrm{d}x} = a(x)y \tag{7.5}$$

它是变量分离的方程。当 $y\neq 0$ 时，分离变量后得

$$\frac{\mathrm{d}y}{y} = a(x)\mathrm{d}x$$

两端积分

$$\int \frac{\mathrm{d}y}{y} = \int a(x)\mathrm{d}x$$

得

$$\ln|y| = \int a(x)\mathrm{d}x + C_1$$

从而

$$|y| = \mathrm{e}^{\int a(x)\mathrm{d}x + C_1} = C\mathrm{e}^{\int a(x)\mathrm{d}x}$$

其中 $C = \pm \mathrm{e}^{C_1}$ 是非零的任意常数，显然 $y=0$ 也是方程(7.5)的解，故齐次线性方程(7.5)的通解为

$$y = C\mathrm{e}^{\int a(x)\mathrm{d}x} \tag{7.6}$$

其中 C 为任意常数。

为了进一步求非齐次线性方程(7.4)的通解，我们的思想是把方程(7.5)的通解表达式(7.6)中的常数 C 换成 x 的函数 $c(x)$，从而先求具有如下形式：

$$y = c(x)\mathrm{e}^{\int a(x)\mathrm{d}x} \tag{7.7}$$

的解，其中 $c(x)$ 看成待定函数。注意到

$$\frac{\mathrm{d}y}{\mathrm{d}x} = \frac{\mathrm{d}c}{\mathrm{d}x} \cdot \mathrm{e}^{\int a(x)\mathrm{d}x} + c(x)a(x)\mathrm{e}^{\int a(x)\mathrm{d}x}$$

将式(7.7)代入方程(7.4)得

$$\frac{\mathrm{d}c}{\mathrm{d}x} \cdot \mathrm{e}^{\int a(x)\mathrm{d}x} + c(x)a(x)\mathrm{e}^{\int a(x)\mathrm{d}x} = a(x)c(x)\mathrm{e}^{\int a(x)\mathrm{d}x} + f(x)$$

化简后得

$$\frac{\mathrm{d}c}{\mathrm{d}x} = f(x)\mathrm{e}^{-\int a(x)\mathrm{d}x}$$

两端积分,得

$$c(x) = \int f(x)e^{-\int a(x)dx}dx + C$$

其中 C 为任意常数。将上式代入式(7.7),便得非齐次线性方程(7.4)的通解

$$y = e^{\int a(x)dx}\left(\int f(x)e^{-\int a(x)dx}dx + C\right) \tag{7.8}$$

其中 C 为任意常数。

例 2 试求方程

$$\frac{dy}{dx} = -2xy + 2xe^{-x^2} \tag{7.9}$$

的通解。

解 先考虑齐次方程 $\frac{dy}{dx} = -2xy$

可用变量分离法求解得 $y = C_1 \cdot e^{-x^2}$,其中 C_1 为任意常数。

利用常数变易,令 $C_1 = C(x)$,则

$$y = C(x) \cdot e^{-x^2}$$

代入式(7.9),可求得 $C(x) = x^2 + C$,其中 C 为任意常数。所以原方程通解为 $y = e^{-x^2}(x^2 + C)$。

例 3 试求方程

$$x^2\frac{dy}{dx} - 3xy - 2y^2 = 0 \tag{7.10}$$

的通解。

解 这是一个齐次方程,它可改写为

$$\frac{dy}{dx} - 3\frac{y}{x} - 2\left(\frac{y}{x}\right)^2 = 0 \tag{7.11}$$

令 $z = \frac{y}{x}$,得

$$\frac{dy}{dx} = x\frac{dz}{dx} + z$$

方程(7.12)变为

$$x\frac{dz}{dx} = 2z(1 + z) \tag{7.12}$$

当 $z \neq 0$ 且 $1 + z \neq 0$ 时,分离变量并两端积分,得到

$$\frac{z}{1+z} = Cx^2$$

其中 $C \neq 0$ 为任意非零常数。此外易见 $z = 0$ 及 $z = -1$ 也是方程(7.13)的解,将 z 换成 $\frac{y}{x}$ 并化简,得方程(7.11)的通解为

$$y = \frac{Cx^3}{1 - Cx^2}$$

以及特解 $y = -x$,其中 C 为任意常数。

7.3 线性常系数微分方程

考虑一般的 n 阶线性微分方程
$$\frac{d^n x}{dt^n} + a_1 \frac{d^{n-1} x}{dt^{n-1}} + \cdots + a_{n-1} \frac{dx}{dt} + a_n x = f(t) \tag{7.13}$$
其中系数 $a_1, a_2, \cdots, a_n$ 都是常数。

方程(7.13)的通解一般是由其一个确定的特解和相应的齐次方程的通解两部分构成,因此我们要求齐次方程
$$\frac{d^n x}{dt^n} + a_1 \frac{d^{n-1} x}{dt^{n-1}} + \cdots + a_{n-1} \frac{dx}{dt} + a_n x = 0 \tag{7.14}$$
的通解,一旦这个齐次方程的通解被确定,非齐次方程(7.13)的特解原则上可以用常数变易法得到。

齐次方程的特征方程:
$$P(\lambda) = \lambda^n + a_1 \lambda^{n-1} + \cdots + a_{n-1} \lambda + a_n = 0 \tag{7.15}$$

定理 1 设方程(7.15)有 n 个互异的根 $\lambda_1, \lambda_2, \cdots, \lambda_n$,则齐次方程(7.14)有基本解组 $e^{\lambda_1 t}, e^{\lambda_2 t}, \cdots, e^{\lambda_n t}$。

定理 2 设方程(7.15)只有 r 个互异的根 $\lambda_1, \lambda_2, \cdots, \lambda_r$,它们分别有重数 $n_1, n_2, \cdots, n_r$(自然有 $n_1 + n_2 + \cdots + n_r = n$),则
$$e^{\lambda_1 t}, te^{\lambda_1 t}, \cdots, t^{n_1-1} e^{\lambda_1 t}$$
$$\vdots$$
$$e^{\lambda_r t}, te^{\lambda_r t}, \cdots, t^{n_r-1} e^{\lambda_r t}$$
构成齐次方程(7.14)的基本解组。

推论 若实系数齐次线性方程(7.15)有 r 个互异的实特征根 $\lambda_1, \lambda_2, \cdots, \lambda_r$ 及 l 对互异的复特征根 $\alpha_1 \pm i\beta_1, \alpha_2 \pm i\beta_2, \cdots, \alpha_l \pm i\beta_l$,重数分别为 $n_1, n_2, \cdots, n_r$ 和 $m_1, m_2, \cdots, m_l$,并且满足
$$\sum_{k=1}^{r} n_k + 2\sum_{k=1}^{l} m_k = n$$
则方程(7.15)有如下实解并组成基本解组:
$$e^{\lambda_k t}, \quad te^{\lambda_k t}, \quad \cdots, \quad t^{n_k-1} e^{\lambda_k t}, \quad k = 1, 2, \cdots, r$$
$$e^{\alpha_j t} \cos \beta_j t, \quad te^{\alpha_j t} \cos \beta_j t, \quad \cdots, \quad t^{m_j-1} e^{\alpha_j t} \cos \beta_j t \quad (j = 1, 2, \cdots, l)$$
$$e^{\alpha_j t} \sin \beta_j t, \quad te^{\alpha_j t} \sin \beta_j t, \quad \cdots, \quad t^{m_j-1} e^{\alpha_j t} \sin \beta_j t \quad (j = 1, 2, \cdots, l)$$

例 1 求方程

$$\frac{d^3x}{dt^3} - \frac{d^2x}{dt^2} + \frac{dx}{dt} - x = 0$$

的实通解。

解 该方程的特征多项式为

$$\lambda^3 - \lambda^2 + \lambda - 1 = (\lambda - 1)(\lambda^2 + 1)$$

因此特征根为 $1, \pm i$，按上述推论，得到实基本解组 $e^t, \cos t, \sin t$。这样就获得通解

$$x(t) = C_1 e^t + C_2 \cos t + C_3 \sin t$$

其中 C_1, C_2, C_3 为任意常数。

7.4 应 用 实 例

例1 自由落体问题。

设质量为 m 的物体，在时刻 $t = 0$ 时，距地面一定高度外，以初速度 $v(0) = v_0$ 垂直落向地面，不考虑空气阻力等其他外力的影响，求物体下落时距离与时间的关系。

解 以地面为 x 轴，朝上为 y 轴，建立坐标系，如图 7.1 所示。

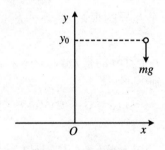

图 7.1 自由落体

由牛顿第二定律：$m\ddot{y} = -mg$，可知

$$\ddot{y} = -g$$

积分一次

$$\dot{y} = -gt + c_1$$

再积分一次

$$y = -\frac{1}{2}gt^2 + c_1 t + c_2$$

当 $y(0) = y_0, \dot{y}(0) = v_0$ 时，有 $y(t) = -\frac{1}{2}gt^2 + v_0 t + y_0$。

例2 升华与挥发问题。

已知樟脑球半径为 $1/4$ cm，一个月后变成 $1/8$ cm，其挥发率正比于表面积，问几个月后

樟脑球将完全挥发干净?

解 设 ρ 是樟脑球的密度,$r(t)$ 是它的半径,t 是时间(单位:月),则 $r = r(t)$ 满足

$$\begin{cases} \rho \dfrac{4}{3}\pi \dfrac{\mathrm{d}}{\mathrm{d}t}r^3 = -k4\pi r^2 \\ r(0) = \dfrac{1}{4}, \quad r(1) = \dfrac{1}{8} \end{cases} \quad (7.16)$$

由式(7.16)得

$$\rho \frac{\mathrm{d}r}{\mathrm{d}t} = -k(k \text{ 是常数}), \quad \mathrm{d}r = -\frac{k}{\rho}\mathrm{d}t$$

积分一次得

$$r(t) = -\frac{k}{\rho}t + C$$

由 $r(0) = \dfrac{1}{4}$ 得

$$\frac{1}{4} = -\frac{k}{\rho} \times 0 + C \left(C = \frac{1}{4} \right)$$

由 $r(1) = \dfrac{1}{8}$ 得

$$\frac{1}{8} = -\frac{k}{\rho} + \frac{1}{4}, \quad \frac{k}{\rho} = \frac{1}{8}$$

最后得

$$r(t) = \frac{1}{4} - \frac{1}{8}t$$

令 $r(t) = 0$,即

$$\frac{1}{4} - \frac{1}{8}t = 0$$

得 $t = 2$。即再过一个月樟脑球将完全挥发干净。

例3 单摆问题。

理想单摆,不考虑空气阻力,摆角很小。设摆球质量为 m,摆长为 L,摆角为 θ,如图7.2所示。

解 本例的目的是建立理想单摆运动满足的微分方程,由该微分方程即可解出理想单摆运动的周期公式。

从图中不难看出,小球所受的合力为 $mg\sin\theta$,根据牛顿第二定律,可得

$$mL\ddot{\theta} = -mg\sin\theta$$

从而得到二阶微分方程

$$\begin{cases} \ddot{\theta} + \dfrac{g}{L}\sin\theta = 0 \\ \dot{\theta}(0) = 0, \quad \theta(0) = \theta_0 \end{cases}$$

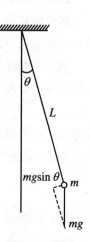

图7.2 单摆

这就是理想单摆运动满足的微分方程。

上式是一个二阶非线性常微分方程,不容易求解。根据正弦函数的泰勒展开,当 θ 很小时,有 $\sin\theta \approx \theta$,此时我们可考察上式的近似线性方程

$$\begin{cases} \ddot{\theta} + \dfrac{g}{L}\theta = 0 \\ \dot{\theta}(0) = 0, \quad \theta(0) = \theta_0 \end{cases}$$

上式的特征方程为

$$\lambda^2 + \frac{g}{L} = 0$$

对应的特征根为

$$\lambda = \sqrt{\frac{g}{L}}\,\mathrm{i}$$

故上式的通解为 $\theta(t) = C_1 \sin\omega t + C_2 \cos\omega t$,将 $\omega = \sqrt{\dfrac{g}{L}}$ 代入初值条件,即可求得满足初值条件的微分方程的解

$$\theta(t) = \theta_0 \cos\omega t$$

注意到当 $t = \dfrac{T}{4}$ 时,$\theta(t) = 0$,即可得到

$$\omega t = \sqrt{\frac{g}{L}} \cdot \frac{T}{4} = \frac{\pi}{2}$$

故有周期

$$T = 2\pi\sqrt{\frac{L}{g}}$$

这就是理想单摆运动周期的近似公式。

例4 物体在空气中下落与特技跳伞。

假设质量为 m 的物体在空中下落,空气阻力与下落的速度平方成正比,阻力系数为 k,沿垂直地面向下的方向取为坐标轴 X 的正方向。

解 设物体质量为 m,空气阻力系数为 k,物体在时刻 t 的下落速度为 v,于是在时刻 t 物体所受的合外力为

$$f = mg - kv^2 \quad (\text{即重力} - \text{空气阻力})$$

这里建立的坐标系,使得重力方向向下,与运动方向一致,空气阻力方向向上,与运动方向相反。从而,根据牛顿第二定律可列出微分方程

$$m\frac{\mathrm{d}v}{\mathrm{d}t} = mg - kv^2 \tag{7.17}$$

因为是自由落体,所以有

$$v(0) = 0 \tag{7.18}$$

解方程(7.17),由式(7.18)有

$$\int_0^v \frac{m\,dv}{mg - kv^2} = \int_0^t dt$$

积分得

$$\frac{1}{2}\sqrt{\frac{m}{kg}} \ln \frac{\sqrt{mg} + \sqrt{kv}}{\sqrt{mg} - \sqrt{kv}} = t$$

即

$$\ln \frac{\sqrt{mg} + \sqrt{kv}}{\sqrt{mg} - \sqrt{kv}} = 2t\sqrt{\frac{kg}{m}} \tag{7.19}$$

特技跳伞问题,跳伞员开伞前的阻尼系数为 k_1,开伞后的阻尼系数为 k_2,$k_1 \ll k_2$,如图7.3所示,从开始跳伞到开伞的时间为 T。

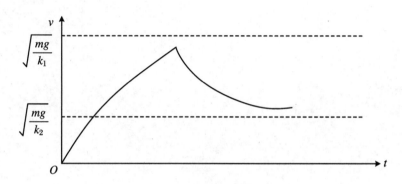

图 7.3 物体在空中下落

解得

$$v = \frac{\sqrt{mg}(e^{2t\sqrt{\frac{kg}{m}}} - 1)}{\sqrt{k}(e^{2t\sqrt{\frac{kg}{m}}} + 1)}$$

当 $t \to +\infty$ 时,有

$$\lim_{t \to +\infty} v = \sqrt{\frac{mg}{k}} = v_1 \quad (\text{终极速度}) \tag{7.20}$$

据测定,$k = \alpha \rho s$,其中 α 为与物体形状有关的常数,ρ 为介质密度,s 为物体在地面上的投影面积。

人们正是根据式(7.20)来设计降落伞的直径大小,以保证跳伞者的安全。

例 5 尸体死亡时间的推算。

在凌晨1时警察发现一具尸体,测得尸体温度是29℃,当时的环境温度是21℃,一小时后尸体温度降为27℃。若人的正常体温是37℃,试协助警方估计死者的死亡时间。

解 设 t 时刻尸体温度为 $T(t)$,再设 $t = 0$ 时为死者的死亡时刻,则 $T(0) = 37$ ℃ $= T_0$。利用牛顿冷却定律,有

$$\frac{dT}{dt} = \alpha(T_{\text{out}} - T)$$

其中 T_{out} 为环境温度,是个常数;α 为冷却常数。

可求得 $T = T_{\text{out}} + (T_0 - T_{\text{out}})e^{-\alpha t}$，将 $T_{\text{out}} = 21\ ℃$，$T_{(0)} = 37\ ℃$，$T_{(t_0)} = 29\ ℃$，$T_{(t_0+1)} = 27\ ℃$ 代入，有

$$\begin{cases} 21 + (37 - 21)e^{-\alpha t_0} = 29 \\ 21 + (37 - 21)e^{-\alpha(t_0+1)} = 27 \end{cases}$$

可求得 $e^{-\alpha} = \dfrac{3}{4}$，所以 $\alpha \approx 0.2877$，

$$t_0 = \dfrac{\ln\dfrac{2}{1}}{\alpha} \approx 2.409$$

t_0 是死者从死亡起到被发现所经历的时间，反推回去可推测死亡时间大约是前一天的晚上 10∶35。

第 8 章　相关与回归分析

8.1　相　关　分　析

任何事物的发展和变化都不是孤立的,它们一定与周围的某些事物相互联系和相互影响。例如,生物的进化、环境的演变、社会的发展以及人们生活习惯的变化、认识观念的转变等都不是孤立的。作为描述事物数量特征的变量,它们之间也应该存在着某种关系。统计学的任务就是研究如何利用变量的数据表现,确定变量之间的关系形态以及关联的程度,进而探索其发展变化的内在规律性。

作为描述事物的变量,其相互之间的关系可分为两种类型,即函数关系和统计关系(或相关关系)。

函数关系的特点是变量之间有确定的对应关系,例如 $y=f(x)$,当作为自变量的变量被给出确定的数值 x 后,一定可以通过确定的规则,产生作为因变量的变量值 y。

相关关系的特点是变量之间有某种关系,但这种关系没有严格到变量之间能够相互被确定的程度。例如家庭收入水平的变化会带来家庭消费水平和储蓄水平的改变;银行存款利率的调整会引起社会居民储蓄总量的变化。但上述这些量的变化在彼此之间并没有唯一确定的关系。变量间的相关关系在表现形态上可分为线性相关和非线性相关,线性相关是指变量之间近似有线性函数关系(在几何上表现为直线或平面关系),非线性相关是指变量之间几乎没有线性函数关系(此时,可能近似有曲线函数关系,也可能毫无关系),如图 8.1 所示。

数据散点图的特征是能直观地描述变量(由数据体现)的相关关系,但不能在相关程度上给出量的刻画。

对于两个随机变量 x 和 y,通常利用相关系数

$$\rho_{x,y} = \frac{\text{Cov}(x,y)}{\sqrt{Dx}\sqrt{Dy}} = \frac{E(x-Ex)(y-Ey)}{\sqrt{Dx}\sqrt{Dy}}$$

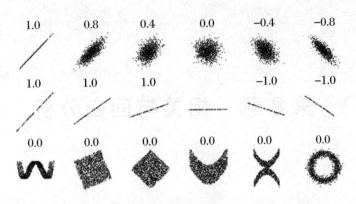

图 8.1 相关关系

来刻画 x 与 y 的线性相关程度,其中 Ex,Ey 分别为 x,y 的数学期望,Dx,Dy 分别为 x,y 的方差。

实际中,可利用抽样的结果对相关系数进行估计和分析。

1. 简单相关系数

对总体 X,Y 抽取容量为 n 的样本 $(x_1,y_1),(x_2,y_2),\cdots,(x_n,y_n)$,计算样本相关系数 $r_{x,y}$,

$$r_{x,y} = \frac{\sum_{i=1}^{n}(x_i - \bar{x})(y_i - \bar{y})}{\sqrt{\sum_{i=1}^{n}(x_i - \bar{x})^2 \cdot \sum_{i=1}^{n}(y_i - \bar{y})^2}}$$

式中 $\bar{x} = \frac{1}{n}\sum_{i=1}^{n}x_i, \bar{y} = \frac{1}{n}\sum_{i=1}^{n}y_i$。

① $|r| \leqslant 1$ 或 $-1 \leqslant r \leqslant 1$。

② $r < 0$,认为变量之间负相关。

③ $r > 0$,认为变量之间正相关。

④ $r \approx 0$,认为变量之间几乎不相关。

⑤ $|r| \approx 1$,认为变量之间高度相关。

2. 相关系数的显著性检验

从样本相关系数的计算可以看到,r 的数值是由 n 对数据计算得到的。当 n 较小时,对这种结果是容易产生怀疑的,这种怀疑导致人们考虑需要对变量间的相关程度进行显著性检验。

对于相关系数 $\rho = 0$ 的显著性检验

$$H_0:\rho = 0, \quad H_1:\rho \neq 0$$

构造统计量

$$t = \frac{r\sqrt{n-2}}{\sqrt{1-r^2}}$$

当 H_0 成立时,$t \sim t(n-2)$。

给定 $\alpha > 0$,由

$$P\{|t| > t_{\frac{\alpha}{2}}(n-2)\} = \alpha$$

查自由度为 $n-2$ 的 t 分布表,得临界值 $t_{\frac{\alpha}{2}}(n-2)$,确定 H_0 的否定域为 $|t| > t_{\frac{\alpha}{2}}(n-2)$。

由抽样,计算统计量值

$$t^* = \frac{r\sqrt{n-2}}{\sqrt{1-r^2}}$$

若 $|t^*| > t_{\frac{\alpha}{2}}(n-2)$,则拒绝 H_0,认为 $\rho \neq 0$;否则,接受 H_0,认为 $\rho = 0$,两总体 X,Y 不相关。

例 对某一问题,抽取容量 $n=6$ 的样本,计算其样本相关系数 $r=0.8$。试问该相关问题是否显著($\alpha = 0.05$)?

解 若单从样本相关系数看,$r=0.8$ 表明该问题有较高的相关程度。现对这一问题进行显著性检验。

$$H_0: \rho = 0, \quad H_1: \rho \neq 0$$

取 $\alpha = 0.05$,查表得 $t_{0.025}(4) = 2.777$。计算

$$t^* = \frac{0.8 \times \sqrt{4}}{\sqrt{1-0.8^2}} = 2.667$$

由于 $t^* < t_{0.025}(4)$,不能拒绝 H_0,即认为 $\rho = 0$,该相关问题不显著。

从该例可以看到,当样本容量较小时,即使两总体的相关系数较大,仍不足以说明两总体显著相关。

8.2 等级相关

等级相关是指以等级次序排列表示的变量之间的关系,主要包括斯皮尔曼(Spearman)二列等级相关及肯德尔和谐系数多列相关。

1. 斯皮尔曼等级相关

当两个变量值以等级次序排列表示时,两个相应总体并不一定呈正态分布,样本容量也不一定大于30。

$$r_R = 1 - \frac{6\sum D^2}{n(n^2-1)}$$

式中,D 表示两个变量每对数据等级之差,n 表示样本的容量。

例1 10名学生学习潜在能力测验成绩(X)与自学能力测验成绩(Y)如表8.1所示,问两者之间相关如何?

表8.1 学生测验成绩

学生序号	潜在能力		自学能力		等级差数 D
	X	等级	Y	等级	
1	90	1	3	2	-1
2	84	2	2	1	1
3	76	3	5	3	0
4	71	4	7	5.5	-0.5
5	71	5	8	7.5	-2.5
6	71	6	6	4	1
7	69	7	8	7.5	-0.5
8	68	8	7	5.5	2.5
9	66	9	10	10	-1
10	64	10	9	9	1

解 计算得 $r_R = 0.891$。

2. 肯德尔和谐系数

当多个变量值以等级次序排列表示时,描述这几个变量之间的一致性程度(即相关)的量无相同等级时:

$$r_w = \frac{SS_r}{\frac{1}{12}K^2(n^3-n)}$$

式中,K 表示评价者的人数,n 表示被评者的数目,R 表示 K 位评价者对同一被评人所给予的秩次之和,SS_r 表示 R 的离差平方和,即

$$SS_r = \sum R^2 - \left(\sum R\right)^2 / n$$

有相同等级时:当同一位评价者对所有被评者的评价结果中有相同等级时,要进行校正,即

$$r_w = \frac{SS_r}{\frac{1}{12}K^2(n^3-n) - k\sum T}$$

式中,K 表示评价者的人数,n 表示被评者的数目,R 表示 K 位评价者对同一被评人所给予

的秩次之和，SS_r 表示 R 的离差平方和。

$$T = \sum m^3 - m/12$$

m 表示同一位评价者所评相同等级的个数。

例 2 3 位专家对 6 所大学卫生工作进行评价，如表 8.2 所示。

表 8.2 关于 6 所大学卫生工作的评价

被评者 n	分数评价者 K			秩次			R
	1	2	3	1	2	3	
1	79	89	71	3	6	1	10
2	83	87	80	4	5	4	13
3	90	84	87	6	4	5	4
4	85	78	91	5	3	6	14
5	73	74	77	1	2	3	6
6	75	72	74	2	1	2	5

解 计算得 $r_w = 0.568$。

8.3 线 性 回 归

1. 回归的基本概念

（1）"回归"一词的来源

"回归"一词是由英国科学家弗朗西斯·高尔顿（Francis Galton）在 1886 年提出的，他通过对人类遗传中的身高现象进行大量的观察分析，发现子女身高与父母身高有一定的关系，一个明显的特征是，个子较高的父母比个子较矮的父母倾向于有较高身高的孩子。但平均看来，个子很高的父母，他们的子女并不像父母那样明显得高；而个子很矮的父母，他们的子女也并不像父母那样明显得矮。换言之，他们的子女都有倾向于人的平均身高的趋势，这种现象称为回归。

（2）"回归"的数学解释

设 $Y = f(X)$，其中 X 为解释变量（或自变量），Y 为被解释变量（或因变量）。对于解释变量 X 的固定（重复）值，称被解释变量 Y 的平均值或期望值为 Y 关于 X 的回归。Y 关于

X 的回归可表示为
$$E(Y \mid X) = f(X)$$

(3) 总体回归函数

称函数 $Y = E(Y \mid X)$ 为 Y 关于 X 的总体回归函数。特别地,当 $E(Y \mid X)$ 是 X 的线性函数时,称为线性回归,即
$$E(Y \mid X = X_t) = \beta_1 + \beta_2 X_t \quad (\text{一元线性回归})$$
其中,β_1,β_2 为常数,也称为回归系数。

从回归函数的定义可知,Y_t 与 $E(Y \mid X = X_t)$ 一般并不相等,其偏差
$$u_t = Y_t - E(Y \mid X = X_t)$$
称为随机扰动变量或随机误差项。对线性回归,有
$$Y_t = E(Y \mid X = X_t) + u_t = \beta_1 + \beta_2 X_t + u_t$$

(4) 样本回归函数

对于总体回归函数 $E(Y \mid X) = f(X, \beta)$($\beta$ 为回归系数,未知),若通过抽取的样本 $(X_i, Y_i), i=1,2,\cdots,n$,得到参数 β 的估计 $\hat{\beta}$,进而得到 Y 的条件期望 $E(Y \mid X = X_i)$ 的估计 $\hat{Y}_i$,
$$\hat{Y}_i = \hat{E}(Y \mid X = X_i) = f(X_i, \hat{\beta})$$
称其为 Y 关于 X 的样本回归函数(也称为经验回归函数),称 Y_i 与 $\hat{Y}_i$ 的差为(样本)残差,记为 e_i,即
$$e_i = Y_i - \hat{Y}_i, \quad i = 1, 2, \cdots, n$$
对给定的样本 $(X_i, Y_i), i=1,2,\cdots,n$,有
$$Y_i = \hat{Y}_i + e_i \quad (\text{样本回归})$$
$$= E(Y \mid X = X_i) + u_i \quad (\text{总体回归})$$
特别地,对于样本线性回归函数,有
$$\hat{Y}_i = \hat{\beta}_1 + \hat{\beta}_2 X_i$$
$$Y_i = \hat{\beta}_1 + \hat{\beta}_2 X_i + e_i$$

(5) 最小二乘估计

对于解释变量 X 和被解释变量 Y,虽可根据 n 组数据 $(X_i, Y_i), i=1,2,\cdots,n$ 的散点图大致看出它们之间的形态关系,但若要用具体的函数关系(如线性函数关系),则需要对函数关系中的未知参数作出估计,这属于回归分析的估计问题。

对于一元线性回归函数

$$Y_i = \beta_1 + \beta_2 X_i + u_i$$

β_1, β_2 完全确定了直线的位置,若能得到 β_1, β_2 的估计 $\hat{\beta}_1, \hat{\beta}_2$,即可确定一元线性回归方程

$$\hat{Y}_i = \hat{\beta}_1 + \hat{\beta}_2 X_i$$

如何估计 β_1, β_2 以确定回归方程?考虑到回归直线与观测数据点 (X_i, Y_i),$i = 1, 2, \cdots, n$ 之间的距离,即残差 $e_i = Y_i - \hat{Y}_i$,$i = 1, 2, \cdots, n$,希望回归直线与全体观测点拟合得尽可能好,这里,可采用最小二乘法,亦称最小平方法。最小二乘法是使

$$\sum (Y_i - \hat{Y}_i)^2 = \sum (Y_i - \hat{\beta}_1 - \hat{\beta}_2 X_i)^2$$

最小化,以确定 $\hat{\beta}_1, \hat{\beta}_2$ 的方法。换言之,用最小二乘法确定的回归直线上的点与所有数据的距离平方和最小。

记 $Q = \sum (Y_i - \hat{Y})^2$,对于已有的样本数据 (X_i, Y_i),$i = 1, 2, \cdots, n$,Q 是 $\hat{\beta}_1, \hat{\beta}_2$ 的函数 $Q(\hat{\beta}_1, \hat{\beta}_2)$,存在最小值。最小二乘法即指,选择 $\hat{\beta}_1, \hat{\beta}_2$,使 $Q(\hat{\beta}_1, \hat{\beta}_2)$ 尽可能的小。利用微分极值的一阶条件,分别求出 $Q(\hat{\beta}_1, \hat{\beta}_2)$ 关于 $\hat{\beta}_1$ 和 $\hat{\beta}_2$ 的偏导数,并令其等于 0,即

$$\begin{cases} \dfrac{\partial Q}{\partial \hat{\beta}_1} = -2\sum (Y_i - \hat{\beta}_1 - \hat{\beta}_2 X_i) = 0 \\ \dfrac{\partial Q}{\partial \hat{\beta}_2} = -2\sum X_i(Y_i - \hat{\beta}_1 - \hat{\beta}_2 X_i) = 0 \end{cases}$$

简化得如下方程组:

$$\begin{cases} \sum Y_i = n\hat{\beta}_1 + \hat{\beta}_2 \sum X_i \\ \sum Y_i X_i = \hat{\beta}_1 \sum X_i + \hat{\beta}_2 \sum X_i^2 \end{cases}$$

解方程组,得

$$\begin{cases} \hat{\beta}_2 = \dfrac{n\sum X_i Y_i - (\sum X_i)(\sum Y_i)}{n\sum X_i^2 - (\sum X_i)^2} = \dfrac{\sum x_i y_i}{\sum x_i^2} \\ \hat{\beta}_1 = \bar{Y} - \hat{\beta}_2 \bar{X} \end{cases} \quad (8.1)$$

其中

$$x_i = X_i - \bar{X}, \quad y_i = Y_i - \bar{Y}, \quad \bar{X} = \frac{1}{n}\sum X_i, \quad \bar{Y} = \frac{1}{n}\sum Y_i$$

称 $\hat{\beta}_1, \hat{\beta}_2$ 分别为 β_1, β_2 的最小二乘估计。

显然,$\hat{\beta}_1, \hat{\beta}_2$ 均是观测数据 (X_i, Y_i),$i = 1, 2, \cdots, n$ 的函数;$\hat{\beta}_1, \hat{\beta}_2$ 是回归参数 β_1, β_2 的点估计,对于给定的样本数据,可计算出参数 β_1, β_2 的估计值。

例1 分析家庭储蓄与家庭收入之间的关系。从某地区的所有家庭中随机抽取12个家庭,其月收入与月储蓄的数据如表8.3所示。

表8.3 12个家庭的月收入、月储蓄数据

家庭编号	1	2	3	4	5	6	7	8	9	10	11	12
月收入 X(百元)	9	13	15	17	18	26	22	20	23	28	30	33
月储蓄 Y(百元)	3	5	4	6	7	9	8	7	10	11	10	12

解 根据表8.3的数据,利用公式(8.1),计算得

$$\hat{\beta}_2 = \frac{12\sum X_i Y_i - (\sum X_i)(\sum Y_i)}{12\sum X_i^2 - (\sum X_i)^2} \approx 0.3777$$

$$\hat{\beta}_1 = \overline{Y} - \hat{\beta}_2 \overline{X} \approx -0.328$$

得家庭月储蓄与家庭月收入的线性回归方程

$$\hat{Y} \approx -0.328 + 0.3777X$$

2. 回归分析中的检验问题

对于给出的 n 组观测值 (X_i, Y_i), $i = 1, 2, \cdots, n$,由公式(8.1),总可求出 $\hat{\beta}_1, \hat{\beta}_2$(只要 $\hat{\beta}_2$ 的计算中分母不为0,即只要解释变量 X 不全取相同数),即使这些数据点并没有给出变量 Y 与 X 之间的线性形态关系,换句话说,当 Y 与 X 之间没有线性关系,我们仍可用最小二乘法得到 Y 与 X 之间的线性函数表达式,尽管它已经毫无意义。由此需要对 Y 关于 X 的回归结果进行各种检验。

(1) 回归直线的拟合程度测定

称回归直线与各观测点的接近程度为回归直线对数据点的拟合程度。拟合程度越高,表明回归直线与全体观测点拟合(或吻合)程度越高(或越好)。通常采用判定系数和估计标准误差来反映回归直线的拟合程度。

判定系数也称确定系数,它是对回归直线拟合优劣程度的一种测量。

对于上节中的一元线性回归方程,考虑平方和的分解:

$$\sum(Y_i - \overline{Y})^2 = \sum(Y_i - \hat{Y}_i + \hat{Y}_i - \overline{Y})^2$$
$$= \sum[(\hat{Y}_i - \overline{Y}) + (Y_i - \hat{Y}_i)]^2$$
$$= \sum(\hat{Y}_i - \overline{Y})^2 + \sum(Y_i - \hat{Y}_i)^2$$

简单推导:

$$\sum(Y_i - \overline{Y})^2 = \sum[(\hat{Y}_i - \overline{Y}) + (Y_i - \hat{Y}_i)]^2$$

$$= \sum(Y_i - \hat{Y}_i)^2 + \sum(\hat{Y}_i - \overline{Y})^2 + 2\sum(\hat{Y}_i - \overline{Y})(Y_i - \hat{Y}_i)$$

由于 $\hat{Y}_i = \hat{a} + \hat{b}X_i$（$\hat{a}$，$\hat{b}$ 为估计参数）

$$\overline{Y} = \hat{a} + \hat{b}\overline{X}$$

$$\hat{b} = \frac{\sum(X_i - \overline{X})(Y_i - \overline{Y})}{\sum(X_i - \overline{X})^2}$$

所以，

$$\hat{Y} - \overline{Y} = \hat{b}(X_i - \overline{X})$$

$$Y_i - \hat{Y}_i = (Y_i - \overline{Y}) - (\hat{Y}_i - \overline{Y}) = (Y_i - \overline{Y}) - \hat{b}(X_i - \overline{X})$$

因此，

$$\sum(\hat{Y}_i - \overline{Y})(Y_i - \hat{Y}_i)$$

$$= \hat{b}\sum(X_i - \overline{X})[(Y_i - \overline{Y}) - \hat{b}(X_i - \overline{X})]$$

$$= \hat{b}\left[\sum(X_i - \overline{X})(Y_i - \overline{Y}) - \sum(X_i - \overline{X})^2 \cdot \frac{\sum(X_i - \overline{X})(Y_i - \overline{Y})}{\sum(X_i - \overline{X})^2}\right]$$

$$= \hat{b} \times 0 = 0$$

记

$$TSS = \sum(Y_i - \overline{Y})^2$$

称其为 Y 的总离差平方和。TSS 与回归直线无关，记

$$ESS = \sum(\hat{Y}_i - \overline{Y})^2$$

称其为回归平方和（回归直线上的点 $\hat{Y}$，关于均值 $\overline{Y}$ 的变差平方和），它是由回归解释变量引起的平方和，记

$$RSS = \sum(Y_i - \hat{Y}_i)^2 = \sum e_i^2$$

称其为残差平方和（总离差平方和中，不能被解释变量解释的剩余平方和），它与回归直线的拟合状况有关，则有

$$TSS = ESS + RSS$$

判定系数定义为

$$R^2 = \frac{ESS}{TSS} = \frac{\sum(\hat{Y}_i - \overline{Y})^2}{\sum(Y_i - \overline{Y})^2}$$

它是 Y 的总离差平方和中由回归模型解释的百分比，这里有

$$R^2 \geqslant 0, \quad R^2 \leqslant 1, \quad -1 \leqslant R \leqslant 1$$

对于一元线性回归模型，判定系数 R^2 可由如下公式计算：

$$R^2 = \frac{\left[\sum(X_i - \overline{X})(Y_i - \overline{Y})\right]^2}{\sum(X_i - \overline{X})^2 \sum(Y_i - \overline{Y})^2} \tag{8.2}$$

显然,此时的判定系数 R^2 等于 Y 与 X 之间相关系数的平方,这从另一个角度说明了判定系数的本质。

当 R^2 较接近于 1 时,表明回归模型的残差平方和较小,而回归平方和所占比例较大,回归直线的拟合程度较高。

例 2 在例 1 中家庭月储蓄与家庭月收入的回归分析中,计算所建立线性回归模型的判定系数。

解 利用公式(8.2),得

$$R^2 = \frac{81.837\ 7}{88.666\ 7} \approx 0.923\ 0$$

计算结果表明,家庭月储蓄的总变差中,有 92.30% 可由家庭月储蓄与家庭月收入之间的线性关系来解释,即两个变量之间有较强的线性正相关关系。

(2) 回归方程的显著性检验

前面介绍的回归直线拟合程度测定,虽然可以大致了解回归直线的拟合状况,但却不能以一定的概率对变量之间的线性关系给出统计推断。换句话说,应当利用假设检验的原理和方法,对回归模型变量之间的关系和程度进行显著性检验。常用的有回归方程的显著性检验(亦称 F 检验)、回归系数的显著性检验(亦称 t 检验)。

① 回归方程的显著性检验:

回归方程的显著性检验也称变量之间线性关系的显著性检验。其基本思想是:考虑回归平方和与残差平方和之间的相对大小关系,由于总离差平方和 TSS 固定不变(相对已有的 n 个观测值),当回归平方和 ESS 较大而残差平方和 RSS 较小时,可认为变量之间的线性关系成立,回归方程有意义。具体的显著性检验步骤如下:

a. H_0:变量之间无线性关系;H_1:变量之间有线性关系。

b. 构造检验统计量

$$F = \frac{ESS/1}{RSS/(n-2)} = \frac{\sum(\hat{Y}_i - \overline{Y})^2/1}{\sum(Y_i - \hat{Y}_i)^2/(n-2)}$$

当 H_0 成立时,$F \sim F(1, n-2)$。

c. 对给定 $\alpha > 0$,查 F 分布表,得临界值 $F_\alpha(1, n-2)$,使 $P\{F > F_\alpha(1, n-2)\} = \alpha$ 成立。

d. 利用观测值结果 (X_i, Y_i),$i = 1, 2, \cdots, n$,计算统计量 F 的值 F^*。

e. 推断。若 $F^* > F_\alpha(1, n-2)$,拒绝 H_0,接受 H_1,认为 Y 与 X 之间有显著的线性关系,回归方程显著成立;若 $F^* \leq F_\alpha(1, n-2)$,接受 H_0,认为 Y 与 X 之间没有显著的线性关系,回归方程不成立。

② 回归系数的显著性检验

回归系数的显著性检验是为了检验解释变量 X 对被解释变量 Y 的影响是否显著,它是通过检验总体回归模型中回归系数 β_2 是否显著异于零来实现这一目的。当 $\beta_2 = 0$ 时,表示 X 对 Y 没有影响,总体回归线是一条水平线,此时的样本回归线近似为一条水平线,$\hat{\beta}_2$ 近似为零。因此,关于 X 对 Y 有无显著影响进行的统计推断,转换为对 $\beta_2 = 0$ 是否显著成立进行统计推断。具体检验步骤如下:

a. $H_0: \beta_2 = 0, H_1: \beta_2 \neq 0$。

b. 构造统计量

$$t_{\hat{\beta}_2} = \frac{\hat{\beta}_2}{S_{(\hat{\beta}_2)}}$$

当 H_0 成立时,$t_{\hat{\beta}_2} \sim t(n-2)$,其中,$S_{(\hat{\beta}_2)}$ 为样本回归系数 $\hat{\beta}_2$ 的标准误差,

$$S_{(\hat{\beta}_2)} = \sqrt{\frac{\sum(Y_i - \hat{Y}_i)^2}{(n-2)(X_i - \overline{X})^2}}$$

例 3 在例 1 家庭月储蓄与家庭月收入的回归方程中,对回归系数 β_2 进行显著性检验($\alpha = 0.05$)。

解 $H_0: \beta_2 = 0, H_1: \beta_2 \neq 0$

构造统计量

$$t_{\hat{\beta}_2} = \frac{\hat{\beta}_2}{S_{(\hat{\beta}_2)}}$$

根据 $\alpha = 0.05, n - 2 = 10$,查 t 分布表,得相应的临界值 $t_{0.025}(10) = 2.228$。计算

$$t^*_{\hat{\beta}_2} = \frac{\hat{\beta}_2}{S_{(\hat{\beta}_2)}} = \frac{0.3777}{\sqrt{0.00119}} \approx 10.95$$

由于 $|t^*_{\hat{\beta}_2}| = 10.95 > t_{0.025}(10)$,故拒绝 H_0,认为回归系数显著异于零,家庭月收入对家庭月储蓄有显著的线性影响。

3. 多元线性回归

假设 Y 为因变量,$X_1, \cdots, X_{p-1}$ 为对 Y 有影响的 $p-1$ 个自变量,并且它们之间具有线性关系

$$Y = \beta_0 + \beta_1 X_1 + \cdots + \beta_{p-1} X_{p-1} + e \tag{8.3}$$

其中 e 为误差项,它表示除了 $X_1, \cdots, X_{p-1}$ 之外其他因素对 Y 的影响以及试验或测量误差,$\beta_0, \beta_1, \cdots, \beta_{p-1}$ 是待估计的未知参数。假定我们有了因变量 Y 和自变量 $X_1, \cdots, X_{p-1}$ 的 n 组观测值

$$(x_{i1}, \cdots, x_{i,p-1}, y_i), \quad i = 1, \cdots, n$$

它们满足
$$y_i = \beta_0 + x_{i1}\beta_1 + \cdots + x_{i,p-1}\beta_{p-1} + e_i, \quad i = 1,\cdots,n \tag{8.4}$$

误差项 $e_i, i=1,\cdots,n$，满足如下假设：

① $E(e) = 0$；（零期望）

② $\mathrm{Var}(e_i) = \sigma^2$；（等方差）

③ $\mathrm{Cov}(e_i, e_j) = 0, i \neq j$。（不相关）

这就是所谓的高斯·马尔科夫(Gauss-Markov)假设。若用矩阵形式，式(8.4)变形为

$$\begin{pmatrix} y_1 \\ y_2 \\ \vdots \\ y_n \end{pmatrix} = \begin{pmatrix} 1 & x_{11} & \cdots & x_{1,p-1} \\ 1 & x_{21} & \cdots & x_{2,p-1} \\ \vdots & \vdots & & \vdots \\ 1 & x_{n1} & \cdots & x_{n,p-1} \end{pmatrix} \begin{pmatrix} \beta_0 \\ \beta_1 \\ \vdots \\ \beta_{p-1} \end{pmatrix} + \begin{pmatrix} e_1 \\ e_2 \\ \vdots \\ e_n \end{pmatrix}$$

等价地
$$\boldsymbol{y} = \boldsymbol{X\beta} + \boldsymbol{e} \tag{8.5}$$

其中所有矩阵和向量的定义是不言自明的，$\boldsymbol{y}$ 是 $n \times 1$ 的变量观测向量，$\boldsymbol{X}$ 为 $n \times p$ 的已知数据矩阵，$\boldsymbol{\beta}$ 为 $p \times 1$ 未知参数向量，$\boldsymbol{e}$ 为随机误差向量，用矩阵形式可将 Gauss-Markov 假设写成

$$E(\boldsymbol{e}) = \boldsymbol{0}, \quad \mathrm{Cov}(\boldsymbol{e}) = \sigma^2 \boldsymbol{I}_n \tag{8.6}$$

将式(8.5)和式(8.6)合并在一起，就得到最基本、最重要的线性回归模型

$$\boldsymbol{y} = \boldsymbol{X\beta} + \boldsymbol{e}, \quad E(\boldsymbol{e}) = \boldsymbol{0}, \quad \mathrm{Cov}(\boldsymbol{e}) = \sigma^2 \boldsymbol{I}_n \tag{8.7}$$

获得参数向量 $\boldsymbol{\beta}$ 的估计的一个最重要方法是最小二乘法。这个方法是找 $\boldsymbol{\beta}$ 的估计，使得偏差向量 $\boldsymbol{e} = \boldsymbol{y} - \boldsymbol{X\beta}$ 的长度平方 $\|\boldsymbol{y} - \boldsymbol{X\beta}\|^2$ 达到最小，记

$$Q(\boldsymbol{\beta}) = \|\boldsymbol{y} - \boldsymbol{X\beta}\|^2 = (\boldsymbol{y} - \boldsymbol{X\beta})'(\boldsymbol{y} - \boldsymbol{X\beta})$$

将此式展开
$$Q(\boldsymbol{\beta}) = \boldsymbol{y}'\boldsymbol{y} - 2\boldsymbol{y}'\boldsymbol{X\beta} + \boldsymbol{\beta}'\boldsymbol{X}'\boldsymbol{X\beta}$$

对 β 求偏导数，并令其为零，可以得到方程
$$\boldsymbol{X}'\boldsymbol{X\beta} = \boldsymbol{X}'\boldsymbol{y} \tag{8.8}$$

称为正则方程。这个线性方程组有唯一解的充要条件是 $\boldsymbol{X}'\boldsymbol{X}$ 的秩为 p，于是我们得到方程(8.8)的唯一解

$$\hat{\boldsymbol{\beta}} = (\boldsymbol{X}'\boldsymbol{X})^{-1}\boldsymbol{X}'\boldsymbol{y} \tag{8.9}$$

8.4 自变量是定性变量的回归方程

在实际问题中，经常会碰到一些自变量是名义尺度变量，如性别、种族、肤色、地区、季节

等。这些尺度变量,我们也称为定性变量。在回归分析中,我们对一些自变量是定性变量的情形先给予数量化处理。

量化这种属性,构造取值为 1 或 0 的虚拟变量,1 表示出现(或具备)某性质,0 表示没有。

如:1 表示男性,0 表示女性;
    1 表示未婚,0 表示已婚;
    1 表示北方地区,0 表示南方地区。

在实际应用中,可根据具体情况构造所需的定性变量。

8.5 因变量是定性变量的回归模型

在许多社会经济问题中,所研究的因变量往往只有两个可能的结果,这样的因变量也可用虚拟变量来表示,虚拟变量的取值可为 0 或 1。

1. 定性因变量的回归方程的意义

设因变量 y 是只取 0,1 两个值的定性变量,考虑简单线性回归模型
$$y_i = \beta_0 + \beta_1 x_i + \varepsilon_i$$
在这种 y 只取 0,1 两个值的情况下,因变量均值 $E(y_i) = \beta_0 + \beta_1 x_i$ 有着特殊的意义。

由于 y_i 是 0-1 型伯努利随机变量,得如下概率分布:
$$P(y_i = 1) = \pi_i, \quad P(y_i = 0) = 1 - \pi_i$$
根据离散型随机变量期望值的定义,可得
$$E(y_i) = 1(\pi_i) + 0(1 - \pi_i) = \pi_i$$
得到 $E(y_i) = \pi_i = \beta_0 + \beta_1 x_i$。

2. 定性因变量回归的特殊问题

(1) 离散非正态误差项

对一个取值为 0 和 1 的因变量,误差项 $\varepsilon_i = y_i - (\beta_0 + \beta_1 x_i)$ 只能取两个值:
当 $y_i = 1$ 时,$\varepsilon_i = 1 - \beta_0 - \beta_1 x_i = 1 - \pi_i$;
当 $y_i = 0$ 时,$\varepsilon_i = -\beta_0 - \beta_1 x_i = -\pi_i$。

显然,误差项 ε_i 是两点型离散分布,当然正态误差回归模型的假定就不适用了。

(2) 零均值异方差性

当因变量是定性变量时,误差项 ε_i 仍然保持零均值,这时出现的另一个问题是误差项 ε_i 的方差不相等。0-1 型随机变量 ε_i 的方差为

$$D(\varepsilon_i) = D(y_i) = \pi_i(1-\pi_i)$$
$$= (\beta_0 + \beta_1 x_i)(1 - \beta_0 - \beta_1 x_i)$$

ε_i 的方差依赖于 x_i,是异方差,不满足线性回归方程的基本假定。

(3) 回归方程的限制

当因变量为 0,1 虚拟变量时,回归方程代表概率分布,所以因变量均值受到如下限制:

$$0 \leqslant E(y_i) = \pi_i \leqslant 1$$

对一般的回归方程本身并不具有这种限制,线性回归方程 $y_i = \beta_0 + \beta_1 x_i$ 将会超出这个限制范围。

3. Logistic 回归模型

针对 0-1 型因变量产生的问题,我们对回归模型应该作两个方面的改进。

(1) 回归函数应该改用限制在[0,1]区间内的连续曲线,而不能再沿用直线回归方程

限制在[0,1]区间内的连续曲线有很多,例如,所有连续型随机变量的分布函数都符合要求。我们常用的是 Logistic 函数与 Probit 函数,Logistic 函数的形式为

$$f(x) = \frac{e^x}{1+e^x} = \frac{1}{1+e^{-x}}$$

(2) 因变量 y_i 本身只取 0,1 两个离散值,不适于直接作为回归模型中的因变量

由于回归函数 $E(y_i) = \pi_i = \beta_0 + \beta_1 x_i$ 表示在自变量为 x_i 的条件下 y_i 的平均值,而 y_i 是 0-1 型随机变量,因而 $E(y_i) = \pi_i$ 就是在自变量为 x_i 的条件下 y_i 等于 1 的比例。这提示我们可以用 y_i 等于 1 的比例代替 y_i 本身作为因变量。

下面通过一个例子来说明 Logistic 回归模型的应用。

例 在一次住房展销会上,与房地产商签订初步购房意向书的共有 $n=325$ 名顾客,在随后 3 个月的时间内,只有一部分顾客确实购买了房屋。购买了房屋的顾客记为 1,没有购买房屋的顾客记为 0。以顾客的家庭年收入(万元)为自变量 x,根据表 8.4 中的数据,建立 Logistic 回归模型。

表 8.4　顾客购房意向分析

序号	家庭年收入 x(万元)	签订意向书人数 n_i	实际购房人数 m_i	实际购房比例 $p_i = m_i/n_i$	逻辑变换 $p_i' = \ln\left(\dfrac{p_i}{1-p_i}\right)$
1	1.5	25	8	0.320 000	−0.753 77
2	2.5	32	13	0.406 250	−0.379 49
3	3.5	58	26	0.448 276	−0.207 54
4	4.5	52	22	0.423 077	−0.310 15
5	5.5	43	20	0.451 15	−0.139 76
6	6.5	39	22	0.554 103	0.257 829
7	7.5	28	16	0.571 429	0.287 682
8	8.5	21	12	0.571 429	0.287 682
9	9.5	15	10	0.666 675	0.693 147

解　Logistic 回归方程为

$$p_i = \frac{\exp(\beta_0 + \beta_1 x_i)}{1 + \exp(\beta_0 + \beta_1 x_i)}, \quad i = 1, 2, \cdots, c$$

其中 c 为分组数据的组数,本例中 $c=9$。作线性变换,令

$$p_i' = \ln\left(\frac{p_i}{1 - p_i}\right)$$

得 $p_i' = \beta_0 + \beta_1 x_i + \varepsilon_i$。

计算出经验回归方程为

$$\hat{p}' = -0.886 + 0.156x$$

判定系数 $r^2 = 0.924\,3$,高度显著。还原为原式的 Logistic 回归方程为

$$\hat{p} = \frac{\exp(-0.886 + 0.156x)}{1 + \exp(-0.886 + 0.156x)}$$

8.6　非线性函数的线性化处理

实际问题中,有许多回归模型的被解释变量 y 与解释变量 x 之间的关系不是线性的,其中一些回归模型通过对自变量和因变量的函数变换可以转化为线性模型,利用线性回归求解未知参数。

1. 幂函数

若被解释变量 Y 与解释变量 X 的函数方程为
$$Y = aX^b \tag{8.10}$$
其中,a,b 为未知参数;$a>0$;$b\neq 1$。线性化方法为

对式(8.10)两端取对数,得
$$\ln Y = \ln a + b\ln X$$
令 $Y^* = \ln Y$,$X^* = \ln X$,$a^* = \ln a$,则原模型变为线性模型
$$Y^* = a^* + bX^*$$
此处应注意,变量 X,Y 的数值必须大于零。

2. 双曲函数

若被解释变量 Y 与解释变量 X 的函数方程为
$$Y = \frac{X}{aX + b} \tag{8.11}$$
其中,a,b 为未知参数。线性化方法为

在式(8.11)中,令 $X^* = \frac{1}{X}$,$Y^* = \frac{1}{Y}$ 则得线性模型
$$Y^* = a + bX^*$$
此处应注意,变量 X 的数值不能取零。

3. 指数函数

① 若变量 Y 与 X 之间的函数方程为
$$Y = ae^{bX} \tag{8.12}$$
则线性化方法为

对式(8.12)两端取对数,得
$$\ln Y = \ln a + bX$$
令 $Y^* = \ln Y$,$a^* = \ln a$,则得线性模型
$$Y^* = a^* + bX$$

② 若变量 Y 与 X 之间的函数方程为
$$Y = ae^{\frac{b}{X}} \tag{8.13}$$
则线性化方法为

对式(8.13)两端取对数,得
$$\ln Y = \ln a + \frac{b}{X}$$

令 $Y^* = \ln Y, a^* = \ln a, X^* = \dfrac{1}{X}$,则得线性模型

$$Y^* = a^* + bX^*$$

4. 对数函数

① 若变量 Y 与 X 之间的函数方程为

$$Y = a + b\ln X$$

则线性化方法为

令 $X^* = \ln X$,则得线性模型

$$Y = a + bX^*$$

② 若变量 Y 与 X 之间的函数方程为

$$\ln Y = a + bX$$

则令 $Y^* = \ln Y$,得线性模型

$$Y^* = a + bX$$

③ 若变量 Y 与 X 之间的函数方程为

$$\ln Y = a + b\ln X$$

令 $Y^* = \ln Y, X^* = \ln X$,得线性模型

$$Y^* = a + bX^*$$

5. 多项式函数

若变量 Y 与 X 之间的函数方程为

$$Y = b_0 + b_1 X + b_2 X^2 + \cdots + b_k X^k$$

可令

$$X_1 = X, \quad X_2 = X^2, \quad \cdots, \quad X_k = X^k$$

则得多元线性模型

$$Y = b_0 + b_1 X_1 + b_2 X_2 + \cdots + b_k X_k$$

第 9 章　多目标决策分析

存在两个或两个以上目标或指标的决策问题称为多目标决策问题。例如购买住房,要考虑的指标有价格、使用面积、距工作地距离、配套设施、所处环境等;选择职业,要考虑的指标有工资收入、福利待遇、工作环境、生活环境、职业形象、适合度、个人发展空间等;修建水库,要考虑的指标有发电效益、防洪效益、淹没损失等。多目标决策问题也可称为多目标规划。

在考虑单目标最优化问题时,只要比较任意两个解对应的目标函数值后,就能确定谁优谁劣(目标值相等时除外)。在多目标情况,就不能作这样简单的比较来确定谁优谁劣了。例如有两个目标都要求实现最大化,这样的决策问题,若能列出 10 个方案,各方案能实现的不同的目标值如图 9.1 所示。从图中可见,对于第一个目标来讲方案①优于方案②;而对于第二个目标则方案②优于方案①。因此无法确定谁优谁劣,但是它们都比方案③、⑤劣。方案③、⑤之间又无法相比。在图中 10 个方案中,除方案③、④、⑤以外,其他方案都比它们中的某一个劣。因而称方案①、②、⑥、⑦、⑧、⑨、⑩为劣解,而方案③、④、⑤之间又无法比较谁优谁劣,但又不存在一个比它们中任一个还好的方案,故称此三个方案为非劣解(或称为有效解)。

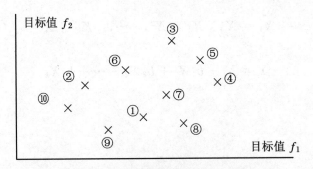

图 9.1　各方案能实现的不同目标值

假定有 m 个目标 $f_1(x),\cdots,f_m(x)$ 同时要考察,并要求都越大越好。在不考虑其他目标时,记第 i 个目标的最优值为

$$f_i^* = \max_{x \in R} f_i(x)$$

相应的最优解记为 $x^{(i)}, i = 1, 2, \cdots, m$;其中 R 是解的约束集合。

$$R = \{x \mid g(x) \geqslant 0\}, \quad g(x) = \{g_1(x), \cdots, g_l(x)\}$$

当这些 $x^{(i)}$ 都相同时,就以这共同解作为多目标的共同最优解。一般不会全相同,例如 $x^{(1)} \neq x^{(2)}$ 时,这两个解就难比优劣,但是它们一定都是非劣解。为了与单目标最优化的记号有所区别,用

$$V - \max_{x \in R} F(x) \quad \text{或} \quad V - \max_{g(x) \geqslant 0} F(x)$$

表示在约束集合 R 内求多目标问题的最优(亦称求向量最优);其中

$$F(x) = \{f_1(x), \cdots, f_m(x)\}^{\mathrm{T}}$$

若各目标都要求越小越好,就用

$$V - \min_{x \in R} F(x)$$

表示。为了简易起见,本节一般只考虑 n 维欧式空间 E^n,即

$$x = (x_1, x_2, \cdots, x_n)^{\mathrm{T}} \in E^n, \quad R \subset E^n, \quad F(x) \in E^m$$

对于 $V - \max F(x)$ 问题,实际上当 x_0 是最优解时,即表示 $\forall x \in R$,有

$$F(x) \leqslant F(x_0)^*$$

当 x_0 是非劣解时,即不存在 $x \in R$,有

$$F(x) \geqq F(x_0)$$

以后用"$\geqq$"表示 $F(x) \geqslant F(x_0)$,但 $F(x) \neq F(x_0)$,即至少有一个分量,有">"成立,即严格大于。相应的 $F(x_0)$ 在目标函数空间中称为非劣点或有效点。有的还进一步引入弱非劣解,即当 x 是弱非劣解时,若不存在 $x \in R$,有

$$F(x) > F(x_0)$$

为直观起见,举个数值例子。

例 设 $f_1(x) = 2x - x^2, f_2(x) = x, R = [0, 2]$,求

$$V - \max_{x \in R} F(x)$$

解 容易求得 $x^{(1)} = 1, x^{(2)} = 2$,这时多目标问题没有共同最优解。由图 9.2 可见,α 和 β 两个解彼此无法比较但是容易找到 α' 比 α 优,α' 与 β 仍无法比较优劣,但还可找到 α'' 比 α' 优。解 β 却不存在 β' 可以比它优,这时 β 为非劣解。本例中 $x \in [1, 2]$ 时都是该问题的非劣解。

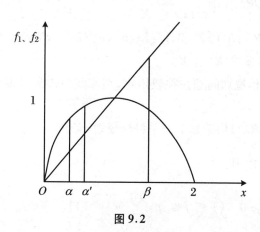

图 9.2

对于单目标规划问题,有如下定理:

定理 1 设 R 是 n 维欧式空间 E^n 上的某个开集,$f(x)$ 在 R 上有一阶连续偏导数。且在点 $x^* \in R$ 取得局部极值,则必有

$$\frac{\partial f(x^*)}{\partial x_1} = \frac{\partial f(x^*)}{\partial x_2} = \cdots = \frac{\partial f(x^*)}{\partial x_n} = 0$$

或 $\nabla f(x^*) = 0$,

$$\nabla f(x^*) = \left(\frac{\partial f(x^*)}{\partial x_1}, \frac{\partial f(x^*)}{\partial x_2}, \cdots, \frac{\partial f(x^*)}{\partial x_n}\right)^T$$

定理 2 若 $f(x)$ 为定义在凸集 R 上的凸函数,则它的任一极小点就是它在 R 上的最小点(全局极小点)。

设 x^* 是非线性规划的极小点,且与 x 点的各起作用约束的梯度线性无关,则存在向量 $v = (\gamma_1^*, \gamma_2^*, \cdots, \gamma_l^*)^T$,使下述各条件成立:

$$\begin{cases} \nabla f(x^*) - \sum_{j=1}^{l} \gamma_j^* \nabla g_i(x^*) = 0 \\ \gamma_j^* g_i(x^*) = 0, \quad j = 1,2,\cdots,l \\ \gamma_j^* \geqslant 0, \quad j = 1,2,\cdots,l \end{cases}$$

满足该条件的点称为非线性规划的库恩-塔克点。

对于多目标规划问题,在满足一定条件时,也有类似的库恩-塔克条件。

9.1 多目标规划非劣解解法

考虑多目标规划(MOP),

$$(MOP) = \begin{cases} \min F(x) = [f_1(x), f_2(x), \cdots, f_p(x)] \\ s,t, x \in X \end{cases}$$

其中,可行集 $X = \{x \in R^* \mid h_i(x) \leqslant 0, 1 \leqslant i \leqslant n\}$,记 $G = \{F(x) \mid x \in X\}$ 为目标集。

记 X^* 为非劣解集,显然 $X^* \subseteq X$。

由于直接求解多目标规划问题往往较困难,在实践中常常将多目标规划转化成单目标规划去求解。

根据多目标规划(MOP)构造如下的单目标规划(SOP):

(1) 线性加权问题 $P(W)$

记 $W = \left\{w \mid w_j \geqslant 0 \quad (1 \leqslant j \leqslant p, \sum_{j=1}^{p} w_j = 1)\right\}$

对于 $w \in W$,定义

$$P(w) = \begin{cases} \min Z = \sum_{j=1}^{p} w_j f_j(x) \\ s,t, x \in X \end{cases}$$

(2) 第 k 目标拉格朗日问题 $P_k(u)$

定义

$$P_k(u) = \begin{cases} \min Z = f_k(x) + \sum_{j \neq k} u_j f_j(x) \\ s,t, x \in X \end{cases}$$

这里 $u = \{(u_1, \cdots, u_{k-1}, u_{k+1}, \cdots, u_p) | u_j \geqslant 0, j \neq k\}$

(3) 第 k 目标约束问题 $P_k(\varepsilon)$

定义

$$P_k(\varepsilon) \begin{cases} \min Z = f_k(x) \\ s,t, x \in X \\ f_j(x) \leqslant \varepsilon_j, \quad 1 \leqslant j \leqslant p, j \neq k \end{cases}$$

这里 $\varepsilon = (\varepsilon_1, \varepsilon_2, \varepsilon_3, \cdots, \varepsilon_{k-1}, \varepsilon_{k+1}, \cdots, \varepsilon_p)$,对于给定的点 x^*,用符号 $P_k(\varepsilon^*)$ 表示问题 $P_k(\varepsilon)$。

(4) 加权模问题 $P(w, \alpha)$

定义

$$P(w, \alpha) = \begin{cases} \min Z = \sum_{j=1}^{p} w_j [f_j(x) - f_j^*]^\alpha \\ s,t, x \in X \end{cases}$$

这里,

$$\begin{cases} 1 < \alpha < +\infty, \quad (\text{一般取 } \alpha = 2) \\ f_j^* = \min_{x \in X} f_j(x), \quad (\text{每个目标函数的理想解}) \\ w_j \geqslant 0, \quad 1 \leqslant j \leqslant p, \quad \sum_{j=1}^{p} w_j = 1 \end{cases}$$

再作如下假定条件：

① 单目标规划(SOP)有唯一最优解。

② 线性加权问题 $P(w)$ 中,所有权系数 $w_j > 0, 1 \leqslant j \leqslant p$。

③ 在第 k 目标约束问题 $P_k(\varepsilon)$ 中,关于约束 $f_j(x) \leqslant \varepsilon_j^*, j \neq x$ 的库恩-塔克乘子若存在,则全部严格为正。

④ 凸性：可行集 X 是凸集,且 $X \neq \phi, f(x)$ 是 X 上的凸函数($1 \leqslant j \leqslant p$)。

⑤ 解析性：(MOP)问题中的所有函数都连续可微。

求解多目标规划(MOP)可以转化成求解等价的单目标规划(SOP),例如$P(w)$,$P_k(\varepsilon)$,$P_k(u)$以及$P(w,\alpha)$。且只要满足①~⑤的条件,这些单目标规划的最优解x^*就是MOP的非劣解。

9.2 有限方案多目标决策问题

1. 行动方案

行动方案集合,包含了决策人所有可能采取的行动方案。要求各方案间相互独立、又能相互替代。

2. 目标和属性

① 目标:关于被研究问题中决策人所希望达到的某种状态的陈述。

② 属性:反映特定目标被达到程度的一个可测量的量。属性必须满足可理解性和可测性。可理解性,即属性的值足以标定相应的目标被达到的程度;可测性,即对给定的方案能按照某种标度对一个属性赋值。属性也可称为指标。

③ 与单目标决策问题不同,多目标决策问题最显著的特点是目标之间的不可公度性和矛盾性。不可公度性,即各个目标没有统一的度量标准,因而难以比较。矛盾性,即如果去改善某方案中某个目标的值,可能会使该方案中其他目标的值变坏。

3. 有限方案多目标决策问题描述

方案集是X,$x \in X$,$f_1(x),f_2(x),\cdots,f_n(x)$是$n$个目标的属性表达,
$$y_{ij} = f_j(x_i), \quad i = 1,\cdots,m; j = 1,\cdots,n$$
代表了第i个行动方案对应于第j个属性的取值。如表9.1所示。

表9.1 方案集

方案	$f_1(x)$	$f_2(x)$	⋯	$f_n(x)$
x_1	y_{11}	y_{12}	⋯	y_{1n}
x_2	y_{21}	y_{22}	⋯	y_{2n}
⋮	⋮	⋮		⋮
x_m	y_{m1}	y_{m2}		y_{mn}

例 某人拟购一住房,有四所房屋可供选择,房屋的满意度用五个指标去衡量,每个指标的数值如表 9.2 所示。

表 9.2 房屋的满意度决策指标

方案	f_1(价格)	f_2(面积)	f_3(距离)	f_4(设施)	f_5(环境)
x_1	3.0	100	10	7	7
x_2	2.5	80	8	3	5
x_3	1.8	50	20	5	11
x_4	2.2	70	12	5	9

9.3 多目标决策指标体系

社会经济系统的多目标决策,通常包括以下几种类型的指标。

经济性指标:包括产值、收入成本、利润、税金、投资额、流动资金占有率、资金周转率、投资回收期、建设周期、进出口额、固定资产、劳动生产率等。

社会性指标:包括人员素质、社会福利、社会教育、社会发展、就业机会、社会安定、生态环境、污染治理等。

技术性指标:包括产品性能、产品寿命、产品质量、可靠性、安全性、工艺水平、设备水平、技术改造、技术改进、管理水平等。

资源性指标:包括矿产、水源、能源、土地、森林、人力等。

政策性指标:包括国家和地方的政策、方针、法令、法规、计划、战略、措施等。

基础设施指标:包括交通、通讯、供水、供电、医疗设施等。

对以上列举的每一个指标,又可以进一步分解为若干小类指标或分析指标。经过逐层分解,形成指标树,并构成指标体系。建立指标体系是一件政策性、技术性和技巧性很强的工作。同一社会经济系统,在不同时期、环境和决策主体的情况下,指标体系的设置常不相同。指标体系的设置一般应满足以下原则:

(1) 指标的完备性

完备性是指指标体系要尽可能完整地、全面地反映和度量决策的对象,当体系中全部指标取定了值以后,决策结果不会随其他变量改变。

(2) 指标的独立性

在设计指标体系时,要求指标体系内同一层次的各条指标必须是相互独立的,不相互包含,不存在因果关系,或者说指标之间必须是线性无关的,不能从这一条导出另一条,当然亦不能相互矛盾。

(3) 指标的代表性

在具体对某一对象进行决策时,既要全面分析其相关因素,又要抓住主要矛盾,选择最能反映对象水平的因素,使决策指标具有代表性。通过对这些指标的评价,能够将决策对象的层次区分开,以分清优劣。因此,即使有些指标变量与评价目标有关,但只反映较少的信息,或无法将决策对象区分开,这种指标变量也应作相应处理。

(4) 指标的可比性

指标的可比性是指标公正合理的重要体现,指标的可比性较差,就会降低决策的说服力和使用价值。如我们在设定论文质量的评估指标时,曾提出"论文的工作量"指标。但经过仔细分析,发现该指标不具有可比性。

(5) 指标的可操作性

不可操作是指在实际决策过程中无法对指标变量进行测量或丧失了进行操作的意义。它有以下几种情况:一是某些指标可能涉及的面广、难度大,要耗费大量的人、财、物,在一个经费有限的小规模评价中对此类指标变量测量可能不现实,也不可测;二是在特定的决策时段与决策空间内,有些指标不易或根本不能取得有关的资料与数据,这种指标对评价的实施显然无意义。

(6) 指标体系的简练性

指标体系要力求简练,易于实际操作。在今天,决策模型发展十分迅速,但似乎人们更热衷于追求模型的完备,对研究对象剖析得越来越细,指标越来越多,计算越来越复杂,操作也变得越来越困难。本来,模型的完备性是我们追求的目标之一,但若主次不分,过分在细枝末节上纠缠不清,则为我们所不取。

9.4 指标的标准化

将不同量纲的指标,通过适当的变换,化为无量纲的标准化指标,称为决策指标的标准化。

1. 极差变换法

在决策矩阵 $\boldsymbol{X} = (x_{ij})_{m \times n}$ 中，对于正向指标 f_j，取

$$x_j^* = \max_{1 \leqslant i \leqslant m} x_{ij}, \quad x_j^0 = \min_{1 \leqslant i \leqslant m} x_{ij}$$

$$y_{ij} = \frac{x_{ij} - x_j^0}{x_j^* - x_j^0}, \quad 1 \leqslant i \leqslant m, 1 \leqslant j \leqslant n$$

对于逆向指标 f_j，取 $x_j^* = \min\limits_{1 \leqslant i \leqslant m} x_{ij}, x_j^0 = \max\limits_{1 \leqslant i \leqslant m} x_{ij}$

$$y_{ij} = \frac{x_j^0 - x_{ij}}{x_j^0 - x_j^*}, \quad 1 \leqslant i \leqslant m, 1 \leqslant j \leqslant n$$

经过极差变换之后，均有 $0 \leqslant y_{ij} \leqslant 1$，并且，正、逆向指标均化为正向指标，最优值和最劣值分别为 1 和 0。

2. 向量归一化

在决策矩阵 $\boldsymbol{X} = (x_{ij})_{m \times m}$ 中，令

$$y_{ij} = \frac{x_{ij} - \bar{x}_j}{s_j}, \quad 1 \leqslant i \leqslant m, 1 \leqslant j \leqslant n$$

其中，样本均值 $\bar{x}_j = \dfrac{1}{m} \sum\limits_{i=1}^{m} x_{ij}$，样本均方差 $s_j = \sqrt{\dfrac{1}{m-1} \sum\limits_{i=1}^{m}(x_{ij} - \bar{x}_j)^2}$。

应该注意，经过向量归一化处理后，标准化矩阵的样本均值为 0，方差为 1。

例 某航空公司在国际市场上购买飞机，按 6 个决策指标对不同型号的飞机进行综合评价。这 6 个指标分别是：最大速度(f_1)、最大范围(f_2)、最大负载(f_3)、价格(f_4)、可靠性(f_5)、灵敏度(f_6)。现有 4 种型号的飞机可供选择，如表 9.3 所示。

表 9.3 按 6 个决策指标对 4 种型号的飞机的综合评价

指标(f_j) / 机型(a_i)	最大速度 f_1（马赫）	最大范围 f_2（千米）	最大负载 f_3（千克）	价格（亿元人民币）	可靠性 f_5	灵敏度 f_6
a_1	2.0	1 500	20 000	5.5	一般	很高
a_2	2.5	2 700	18 000	6.5	低	一般
a_3	1.8	2 000	21 000	4.5	高	高
a_4	2.2	1 800	20 000	5.0	一般	一般

解 在决策指标中 f_1, f_2, f_3 是正向指标，f_4 是逆向指标，f_5, f_6 是定性指标。将 f_5, f_6 作分级量化处理，得到决策矩阵

$$\boldsymbol{X} = (x_{ij})_{4 \times 6} = \begin{bmatrix} 2.0 & 1\,500 & 20\,000 & 5.5 & 5 & 9 \\ 2.5 & 2\,700 & 18\,000 & 6.5 & 3 & 5 \\ 1.8 & 2\,000 & 21\,000 & 4.5 & 7 & 7 \\ 2.2 & 1\,800 & 20\,000 & 5.0 & 5 & 5 \end{bmatrix}$$

由向量归一化法可得标准化矩阵为

$$Y = y_{ij} = \begin{pmatrix} 0.4671 & 0.3662 & 0.5056 & 0.5063 & 0.4811 & 0.6708 \\ 0.5839 & 0.6591 & 0.4550 & 0.5983 & 0.2887 & 0.3727 \\ 0.4204 & 0.4882 & 0.5308 & 0.4143 & 0.6736 & 0.5217 \\ 0.5139 & 0.4392 & 0.5056 & 0.4603 & 0.4811 & 0.3727 \end{pmatrix}$$

由极差变换法可得标准化矩阵为

$$Y = y_{ij} = \begin{bmatrix} 0.28 & 0 & 0.67 & 0.50 & 0.51 & 1.00 \\ 1.00 & 1.00 & 0 & 0 & 0 & 0 \\ 0 & 0.42 & 1.00 & 1.00 & 1.00 & 0.50 \\ 0.57 & 0.52 & 0.67 & 0.25 & 0.50 & 0 \end{bmatrix}$$

9.5 有限方案多目标决策的方法

1. 线性加权和法

在这种方法中,决策者的偏好用权重来表示,即决策者根据每个目标的重要程度,分别设定权数 $w_1, w_2, \cdots, w_n$,且它们满足 $w_i > 0, \sum w = 1$。

求 $V_i = w_1 Z_{i1} + w_2 Z_{i2} + \cdots + w_n Z_{in}, i = 1, \cdots, m$。

式中,Z_{ij} 是第 i 个方案的第 j 个指标规范化后的值。

例 1 某人拟购买一控制仪器,现有 4 种产品供选择。每种产品的满意度可用 4 个指标去衡量,即可靠度、成本、外观、重量。每个指标对应的属性值如表 9.4 所示。

表 9.4 每个指标对应的属性值

方案	指标			
	可靠度 Z_1	成本 Z_2	外观 Z_3	重量 Z_4
X_1	7	8	9	6
X_2	6	7	8	2
X_3	5	6	7	5
X_4	4	9	6	7

解 先将 X_4 从方案集中排除,对属性值进行规范化处理。

$$Z = \begin{bmatrix} 1 & 0 & 1 & 0 \\ 0.5 & 0.5 & 0.5 & 1 \\ 0 & 1 & 0 & 0.33 \end{bmatrix}$$

用 AHP 法确定每个目标的权重。

求得权向量
$$W = (0.5174, 0.2446, 0.1223, 0.1157)$$
计算每个方案的综合值
$$V_1 = 0.6397, \quad V_2 = 0.5579, \quad V_3 = 0.2831$$
可知方案 1 的综合值最大。

2. 理想解法

又称为 TOPSIS 法,是一种有效的多目标决策方法。该方法通过构造多目标问题的理想解和负理想解,并以靠近理想解和远离负理想解为基准,作为评价各可行方案的判据。

理想解:设想各指标属性都达到最满意值的解。

负理想解:设想各指标属性都为最不满意值的解。

相对贴近度:设方案 a_i 对应的点 A_i 到理想解和负理想解的欧氏距离分别为

$$S_i^* = \sqrt{\sum_{j=1}^{n} w_j (x_{ij} - x_j^*)^2}$$

$$S_i^- = \sqrt{\sum_{j=1}^{n} w_j (x_{ij} - x_j^-)^2}$$

其中,x_j^* 为各方案的最理想解,x_j^- 为各方案的负理想解,w_j 为各指标的权重。

方案 a_i 与理想解、负理想解的相对贴近度定义为

$$C_i^* = \frac{S_i^-}{S_i^- + S_i^*}, \quad i = 1, 2, \cdots, m$$

容易看出,相对贴近度满足 $0 \leqslant C_i^* \leqslant 1$。

应该注意,由于多指标属性在量纲和数量级上的差异,往往给决策分析带来诸多不便。一般来说,用理想解法进行决策,应先将指标值作标准化处理。

设决策矩阵为
$$X = (x_{ij})_{m \times n}$$
指标权向量为
$$W = (w_1, w_2, \cdots, w_n)^T$$

理想解法的基本步骤:

① 用向量归一化法对决策矩阵作标准化处理,得到标准化矩阵
$$Y = y_{ij}$$

② 计算加权标准化矩阵
$$V = (v_{ij})_{m \times n} = (w_j y_{ij})_{m \times n}$$

③ 确定理想解和负理想解。

④ 计算到理想解和负理想解的距离。

⑤ 计算各方案的相对贴近度。

⑥ 按相对贴近度的大小,对各方案进行排序。相对贴近度大者为优,相对贴近度小者为劣。

例2 用理想解法,对 9.4 节中的例 1 进行决策分析。

解 决策矩阵 $X = (X_{ij})_{4 \times 6}$ 的向量归一化标准矩阵为

$$Y = (y_{ij})_{4 \times 6} = \begin{bmatrix} 0.4671 & 0.3662 & 0.5056 & 0.5063 & 0.4811 & 0.6708 \\ 0.5839 & 0.6591 & 0.4550 & 0.5983 & 0.2887 & 0.3727 \\ 0.4204 & 0.4882 & 0.5308 & 0.4143 & 0.6736 & 0.5217 \\ 0.5139 & 0.04392 & 0.5056 & 0.4603 & 0.4811 & 0.3727 \end{bmatrix}$$

指标权重向量为 $W = (0.2, 0.1, 0.1, 0.1, 0.2, 0.3)$。

计算加权标准化矩阵

$$V = (v_{ij})_{4 \times 6} = \begin{bmatrix} 0.0934 & 0.0366 & 0.0506 & 0.0506 & 0.0962 & 0.2012 \\ 0.1168 & 0.0659 & 0.0455 & 0.0598 & 0.0577 & 0.1118 \\ 0.0841 & 0.0488 & 0.0531 & 0.0414 & 0.1347 & 0.1565 \\ 0.1028 & 0.0439 & 0.0506 & 0.0460 & 0.0962 & 0.1118 \end{bmatrix}$$

分别确定理想解和负理想解为

$$V^* = \{v_1^*, v_2^*, v_3^*, v_4^*, v_5^*, v_6^*\}$$
$$= \{0.1168, 0.0659, 0.0531, 0.0414, 0.1347, 0.2012\}$$
$$V^- = \{v_1^-, v_2^-, v_3^-, v_4^-, v_5^-, v_6^-\}$$
$$= \{0.0841, 0.0366, 0.0455, 0.0598, 0.0577, 0.1118\}$$

计算各方案到理想解和负理想解的距离分别是

$$S_1^* = 0.0545, \quad S_2^* = 0.1197, \quad S_3^* = 0.0580, \quad S_4^* = 0.1009$$
$$S_1^- = 0.0983, \quad S_2^- = 0.0439, \quad S_3^- = 0.0920, \quad S_4^- = 0.0458$$

各方案的相对贴近度为

$$C_1^* = 0.643, \quad C_2^* = 0.268, \quad C_3^* = 0.613, \quad C_4^* = 0.312$$

用理想解法求得各方案的排序结果是

$$a_1 > a_3 > a_4 > a_2$$

该公司应该选择 a_1 型飞机。

3. 功效系数法

设决策问题有 m 个目标,其中有些目标要求实现最大,有些目标要求实现最小,其余的目标过大不行,过小也不行。

对于这些目标 $f_i(x)$,分别给以一定的功效系数(即评分)d_i,d_i 是在 $[0,1]$ 区间的某一数。当目标达到最满意时,取 $d_i = 1$;当为最差时,取 $d_i = 0$。

有了功效系数,对于每一个方案 x,就有 m 个目标函数值对应的功效系数 $d_1, \cdots, d_m$。可用它们的几何平均值来进行综合。

$$D = \sqrt[m]{d_1 d_2 \cdots d_m}$$

显然 D 越大越好。

若 m 个目标有权重 $w_1, w_2, \cdots, w_m$,则

$$D = d_1^{w_1} d_2^{w_2} \cdots d_m^{w_m}$$

为评价函数。

例 3 设工厂生产某种产品,有三种方案 X_1, X_2, X_3。为比较各方案的优劣,选取可靠度 Z_1,成本 Z_2,外观 Z_3 三个指标来评价,每个指标的评价值如表 9.5 所示。其中可靠度和外观是正向指标,成本是反向指标。

表 9.5 不同指标对应的属性值

方案	指标		
	可靠度 Z_1	成本 Z_2	外观 Z_3
X_1	7	8	9
X_2	6	7	8
X_3	5	5	7

解 对于正向指标,不妨设定当指标值是 1 时,功效系数最差,为 0;当指标值是 10 时,功效系数最优,为 1。对于反向指标,当指标值是 1 时,功效系数最优,为 1;当指标值是 10 时,功效系数最差,为 0。

假设功效系数 d 和指标值 x 之间是线性关系,则可求得

$$\text{对于正向指标:} \quad d = \frac{1}{9}x - \frac{1}{9}$$

$$\text{对于反向指标:} \quad d = -\frac{1}{9}x + \frac{10}{9}$$

从而可将评价值转化为功效系数,如表 9.6 所示。

表 9.6 功效系数表

方案	指标		
	可靠度 Z_1	成本 Z_2	外观 Z_3
X_1	0.67	0.22	0.89
X_2	0.56	033	0.78
X_3	0.44	0.44	0.67

若这三个指标的权重相等,则可求得

$$D_1 = 0.508$$
$$D_2 = 0.529$$
$$D_3 = 0.506$$

可见方案 x_2 最优。

参 考 文 献

[1] 袁方.社会研究方法教程[M].北京:北京大学出版社,1997.
[2] 梁莹.公共管理研究方法[M].武汉:武汉大学出版社,2010.
[3] 袁政.公共管理定量分析:方法与技术[M].2版.重庆:重庆大学出版社,2009.
[4] 李瑛.决策统计分析[M].天津:天津大学出版社,2005.
[5] 胡月明.公共部门决策的理论与方法[M].北京:高等教育出版社,2003.
[6] 岳超源.决策理论与方法[M].北京:科学出版社,2004.
[7] 方国华,黄显峰.多目标决策理论、方法及其应用[M].北京:科学出版社,2011.
[8] 耿素云,张立昂.概率统计[M].2版.北京:北京大学出版社,2000.
[9] 钱颂迪,等.运筹学[M].北京:清华大学出版社,1994.